I0122719

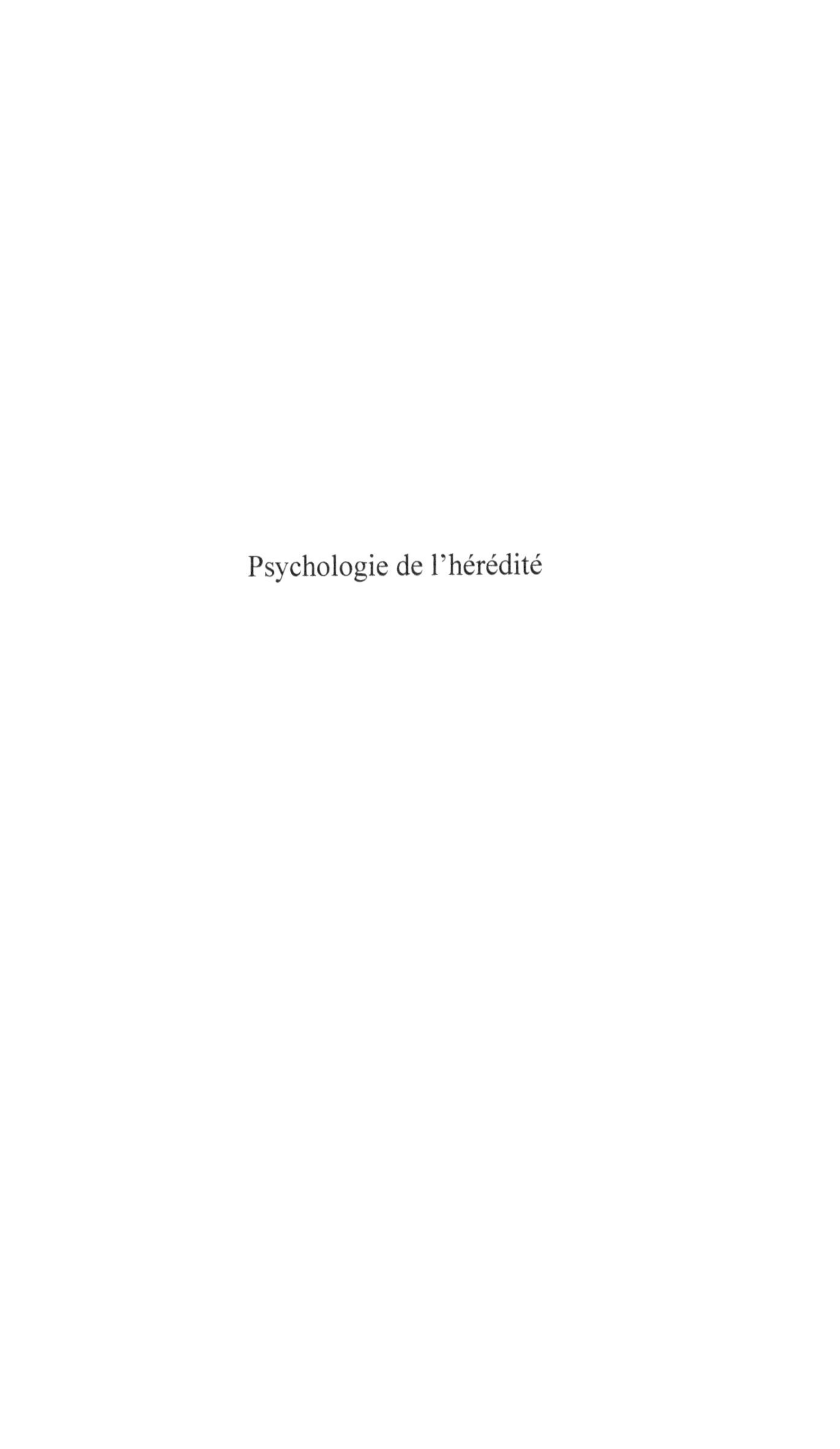

Psychologie de l'hérédité

Psychologie de l'hérédité

Les lois de formation du caractère, l'institution des classes, les causes du progrès et de la décadence.

E-M Caro

Fernand Papillon

Editions le Mono

ISBN : 978-2-36659-547-5
EAN : 9782366595475

Introduction[1]

Il y a dans les sciences humaines bien des motifs de satisfaction et d'orgueil pour l'esprit, mais les raisons d'humilité et d'amertume n'y manquent pas non plus. En dépit des persévérants efforts et des longues pensées des légions d'investigateurs qui nous ont précédés, la nature a des abîmes profonds en face desquels toute clairvoyance devient de la cécité, toute hardiesse de la crainte, et toute confiance du découragement. Quand nous essayons de projeter quelque lumière à l'intérieur de ces gouffres mystérieux, cette lumière ne nous y fait apercevoir que les spectres de notre propre ignorance, et nous ne retirons de cette vaine tentative qu'un nouveau sentiment de notre impuissance et de notre misère. Il serait sage d'en retirer encore autre chose, je veux dire une leçon profitable. En effet, rien ne devrait rappeler à la modestie et à la patience, refroidir les ardeurs présomptueuses et confondre les audacieuses témérités comme l'étude de ces phénomènes que la Providence semble avoir établis tout exprès pour déconcerter la curiosité des hommes.

---

[1] Cf. Fernand Papillon, *L'Hérédité au point de vue physiologique et moral, son rôle dans le développement des nations.*

Ces réflexions s'appliquent particulièrement à l'hérédité. Le fait est que l'ovule renferme en sa substance, d'apparence homogène, non-seulement l'organisme anatomique de l'individu qui en sortira, mais encore son tempérament, son caractère, ses aptitudes, ses sentiments et ses pensées. Les parents déposent dans cette molécule l'avenir d'une existence identique à la leur au point de vue physiologique presque toujours, au point de vue pathologique souvent, et au point de vue psychologique dans plus d'une conjoncture.

C'est une question fort délicate que celle de savoir s'il faut mettre sur le compte de l'hérédité la transmission des formes anatomiques et des fonctions physiologiques dont le système constitue l'espèce. En tout cas, il est clair que la répétition des parents dans les enfants est une évidence absolue. Sans cela, il n'y aurait point d'espèce, il n'y aurait que des successions d'êtres sans autres rapports que celui de la génération. Dans les limites historiques de l'expérience, la reproduction perpétuelle des caractères spécifiques, toujours identiques, c'est-à-dire l'intégrité permanente de l'espèce, est un fait à peu près hors de doute. Les caractères qui distinguent les races et les variétés se transmettent avec moins de régularités de fixité, et c'est précisément sur les transformations diverses qu'ils peuvent subir d'une génération à l'autre qu'une célèbre école de naturalistes s'appuie pour démontrer, avec plus ou moins de mesure, la transmutation des organismes dans la suite des temps. Plus irrégulière et plus variable encore est la répétition des caractères qui, moins généraux que ceux de l'espèce et de la race, peuvent être considérés comme propres à l'individu. Ainsi plus les caractères deviennent particuliers et spéciaux, plus ils échappent à l'hérédité, plus il y a de chances pour que les enfants diffèrent des parents. Une observation aussi ancienne que l'homme, établit cependant que ces caractères, tout personnels, sont transmissibles par la génération. Dans quelles limites et dans quelles conditions ? Voilà ce qu'il s'agit de rechercher avec toute sorte de prudence, car il n'y a pas de question où l'on soit plus exposé à glisser sur des pentes dangereuses.

Essai de psychologie[2]

Première partie

L'hérédité intellectuelle et morale.

Ceux qui peuvent soustraire un instant leur esprit aux préoccupations de la politique et s'intéresser encore au drame des idées trouvent un émouvant spectacle dans le grand effort tenté par les sciences positives pour tout conquérir dans la vie de l'homme, la conscience aussi bien que l'organisme, pour étendre sur la liberté morale le niveau du déterminisme universel et rattacher à l'empire croissant des lois physiques tout ce qui jusqu'alors semblait constituer une nature d'un genre à part au milieu de la nature et comme un état dans l'état. La personnalité humaine est successivement chassée de toutes ses positions et menacée dans son dernier refuge par l'invasion de la science.

Il est curieux de suivre jusque dans la littérature le succès de ces tentatives. Voyez ce qui se passe dans ces domaines réservés à l'imagination et à la passion et qui semblaient le mieux à l'abri, le roman et le drame. Dans la plupart des œuvres qu'on nous donne sous ce nom, ce qui domine aujourd'hui, c'est la physiologie, et plus encore la pathologie, c'est-à-dire la physiologie troublée. Particulièrement dans le roman, si l'on excepte quelques écrivains délicats, psychologues de

[2] Par E-M Caro (1826-1887).

nature et de race qui résistent à la contagion et qui analysent encore des sentiments, la mode n'est-elle pas de décrire uniquement des sensations et d'en rechercher les causes physiques ? N'est-ce pas cela qu'on appelle aujourd'hui observer ? Tous ces problèmes qui se déroulent à travers un mélange étonnant de brutalités scientifiques et de raffinements littéraires, ce sont des problèmes de clinique. Il n'est question que de tempérament ; on nous donne des consultations en règle sur la *diathèse congénitale* et l'*idiosyncrasie*. Ah ! qu'en termes galants ces choses-là sont dites ! — La vie humaine, étudiée sous cet aspect, fait la figure d'un vaste hôpital ou d'un hospice de fous. Les personnages variés que l'on nous montre représentent les cas les plus intéressants de la psychologie morbide. Des maladies effroyables, sans nom jusque-là dans la langue usuelle, sont décrites avec une furie de détails qui étale tous les mystères, et une érudition scrupuleuse qui épuise les dictionnaires de médecine. La névrose joue dans notre littérature le rôle de la fatalité antique. Dans l'état passionné, l'homme est un malade, une machine détraquée ; dans l'état ordinaire, il est une machine bien ordonnée, un pantin dont les ressorts sont les nerfs. Mais ces ressorts eux-mêmes ont été tissus, modifiés, travaillés à travers les générations par une série d'influences ou d'habitudes qu'une nécessité industrieuse a combinées entre elles pour en faire l'invisible filet dans lequel notre volonté est prisonnière. Voilà où en est le roman contemporain ; il aspire à devenir tout simplement un manuel d'expériences de précision sur les maladies morales en tant que manifestation des maladies du corps, expression dramatique des fatalités de l'organisme. Je ne désespère pas qu'un jour le dernier chapitre de chaque roman ne soit l'autopsie du héros ou de l'héroïne, destinée à justifier l'art du romancier et l'exactitude de ses informations ; ce sera le dénouement logique de l'œuvre ; au besoin, le certificat du chirurgien en garantira la valeur. C'est une période qui commence, l'avènement de la médecine dans la littérature. Dans ce nouvel âge du roman, chaque auteur qui se respecte devra être expert en scalpel, et avant d'écrire il fera bien d'avoir disséqué quelques cadavres. Sans quoi il a des chances d'être méprisé de ses contemporains comme un idéaliste ; ce qui est une sentence sans appel, la mort sans phrase.

Parmi les sujets d'ordre physiologique ou médical dont le roman a singulièrement abusé dans ces derniers temps, se trouve au premier rang la question de l'hérédité, de ses conséquences physiques, intellectuelles et morales. Ici comme ailleurs, la littérature n'a fait qu'exprimer à sa manière une des préoccupations scientifiques du temps présent. A l'heure même où elle posait dans ses fictions libres ce redoutable problème de l'hérédité, avec cette intrépidité d'affirmations et ce sans-gêne habituels à qui dispose des événements et les arrange à son gré, on l'abordait de deux côtés différents : d'une part, c'était la critique naturaliste, avec la précision plus apparente que réelle de ses procédés qui tendent à éliminer des œuvres de littérature et d'art l'homme lui-même, sa liberté d'inspiration et d'action ; d'autre part, c'était la philosophie scientifique. Les travaux récents de MM. Galton, Alphonse de Candolle, Dumont, Ribot, du docteur Jacoby, ont remis cette étude à l'ordre du jour. Une deuxième édition du livre très curieux de M. Ribot, vraiment nouvelle par le plan et les recherches, et résumant les travaux antérieurs auxquels s'ajoute une riche contribution personnelle, nous offre l'occasion de rechercher dans quelle mesure le problème est résolu ou reste encore incertain. La question n'est pas indifférente. Il ne s'agit de rien moins que de savoir si l'homme a un fonds de nature qui lui est propre, une individualité qui lui appartient, ou si cette apparence de personnalité n'est que l'effet des conditions biologiques qui ont amené son avènement à la vie. Il s'agit de savoir si notre *moi* nous échappe et va se plonger dans le grand courant du fatalisme universel, de telle sorte qu'il ne resterait rien en propre à l'homme lui-même, ni de son œuvre, qui n'est qu'un legs d'habitudes et d'inclinations nécessaires, ni de sa pauvre et chétive liberté, qui n'est que l'illusion de la girouette mue par le vent, ni de sa conscience, qui n'est que la synthèse des mille petites consciences nerveuses, ni de son âme enfin, ou du moins de ce qu'on appelait autrefois de ce nom, qui semble n'être plus que l'ensemble des circonstances accumulées par lesquelles s'est élaboré le cerveau, ou, tout au plus, ce qui reste d'indéterminé dans la science de l'homme, la part subsistante des causes inconnues, susceptibles d'être déterminées, mais ne l'étant pas encore.

D'ailleurs, quelles que soient les conséquences de la solution adoptée, il va de soi que c'est en elle-même que la question doit être résolue. Il faut la traiter uniquement par l'examen des faits et subir toutes les inductions qui en découlent. Mais, en revanche, si par hasard l'évidence n'est pas faite par l'école biologique, si sa démonstration reste en échec et se trouble sur des points essentiels, nous avons le droit d'en tenir compte et de prémunir loyalement le public contre un acquiescement trop facile.

I

La question n'a été nulle part étudiée avec autant de soin qu'elle l'est dans le livre de M. Ribot. Je n'ai pas besoin de rappeler les titres de M. Ribot à notre attention. On sait qu'il est un des promoteurs les plus résolus et les plus érudits de la nouvelle psychologie, et qu'il poursuit son œuvre avec une faculté d'analyse et une probité scientifique au-dessus de toute contestation. Si donc nous ne sortons pas de cette lecture convaincus, c'est sans doute que le problème, tel qu'il est posé par l'auteur, n'est pas susceptible d'une solution exacte, et qu'il manque dans les données un élément essentiel qui déconcerte par son influence méconnue les efforts de l'observateur et les prévisions du logicien.

Il faut d'abord bien s'entendre sur le mot *hérédité*. C'est, comme le dit Littré, la faculté qu'ont les êtres vivants de transmettre par la voie de la génération les variétés acquises. C'est par la transmission de ces variétés qu'elle se distingue de la loi spécifique qui assure la permanence des caractères généraux de l'espèce. Il y a là deux ordres de faits que l'on confond trop souvent, ce qui embrouille singulièrement la question. Par exemple, pour ce qui concerne l'hérédité psychologique, ce qu'il s'agit d'étudier, ce n'est pas la permanence des traits essentiels qui constituent l'homme intellectuel, tels que le langage et la raison, mais bien la transmission des modes particuliers, la répétition exacte des caractères individuels qui tendent, nous dit-on, à s'accumuler, à se fixer chez les descendants comme les caractères spécifiques eux-mêmes. Que l'homme reçoive régulièrement, par voie de génération, certains attributs sans lesquels il ne serait pas un homme, c'est l'idée de l'espèce qui se réalise en lui ; mais que la quantité ou la qualité variables de ces éléments intellectuels et moraux se transmettent aussi fidèlement et se perpétuent, que le même degré de mémoire ou d'imagination, quelles différences d'aptitude intellectuelle ou l'intensité d'une passion, la force d'une habitude se fixent dans le cours des générations, s'acclimatent définitivement dans une famille par une sorte de nécessité analogue et de transmission également régulière, fatale même, toutes les fois qu'elle n'est pas dérangée par d'autres fatalités concurrentes et rivales : voilà dans ses vrais termes le problème de l'hérédité tel qu'il se pose devant nous.

Jusqu'où s'étend cette faculté des ascendants de perpétuer leur ressemblance, avec le flot de la vie, dans les générations qui les suivent ? Jusqu'où va ce pouvoir singulier qui est en eux de marquer à leur effigie la série de leurs descendants ? Dans l'ordre physiologique, la question semble résolue. Il y a plus de trente ans que l'ouvrage du docteur Prosper Lucas fait loi dans cette matière. L'hérédité se trouve tout d'abord inscrite en traits visibles dans la structure externe ; elle s'accuse surtout dans le visage, l'expression ou les traits de la physionomie. Les Romains aimaient à marquer par des noms expressifs ces signes héréditaires dans les familles. Les héritiers des grands nez, des grosses lèvres, des grandes bouches ou des grosses têtes s'appelaient les *Nasones*, les *Labeones*, les *Buccones*, les *Capitones*. L'histoire moderne n'a pas dédaigné de noter en passant, en Autriche et en France, la lèvre des Habsbourg et le nez des Bourbons. — C'est à propos d'un trait de ce genre, persistant avec une fidélité implacable à travers des égarements sans nombre et devenu comme le signalement des branches clandestines d'une famille, qu'un homme d'esprit disait plaisamment au dernier siècle : « Le monde oublie. Dieu pardonne, mais le nez reste. » — L'analogie de la taille se remarque aussi comme un signe héréditaire. C'est ainsi que, depuis un siècle et demi, les éleveurs anglais ont créé une race de chevaux moulée sur le même modèle et présentant à peu de chose près, avec de remarquables aptitudes, la même configuration physique. Le père de Frédéric II,

Guillaume Ier, un grand éleveur à sa manière, pratiquait la sélection pour assurer dans l'avenir le recrutement du régiment de ses gardes, et ne tolérait le mariage, dans ce corps de géants, qu'avec des femmes d'une taille égale. Mêmes ressemblances dans la conformation interne, dans le volume, la structure, les analogies du système osseux, les proportions du crâne, du thorax, du bassin, de la colonne vertébrale, les particularités du système nerveux, de la force musculaire et de l'activité motrice. Les anciens avaient des familles d'athlètes ; les Anglais ont des familles de boxeurs, de lutteurs, de rameurs. Les familles de chanteurs sont nombreuses, et encore plus nombreuses celles qui sont rebelles authentiquement à la mélodie. Un des cas les plus curieux est relatif à la durée de la vie. Dans certaines familles, une mort précoce est si ordinaire qu'il est très difficile à un petit nombre d'individus de s'y soustraire. Chez les Turgot, on ne dépassait guère l'âge de cinquante ans. Turgot, voyant approcher cette époque fatale, malgré toute l'apparence d'une bonne santé et d'une grande vigueur de tempérament, comprit qu'il était temps de mettre ordre à ses affaires ; il s'empressa d'achever un travail qu'il avait commencé et mourut, en effet, à cinquante-trois ans. La longévité est également héréditaire. Le 5 janvier 1724, mourait en Hongrie, dans le banat de Temeswar, un cultivateur âgé de cent quatre-vingt-cinq ans, qui avait vu changer deux fois le millésime séculaire. Le cadet de ses fils avait, au moment de sa mort, quatre-vingt-dix-sept ans, l'aîné cent cinquante-cinq ans. Ces longévités extraordinaires et qui suivent les familles sont de tous les pays et de tous les temps. — Il y a des accidents physiques qui se perpétuent. Un homme blessé à la main droite engendra plusieurs fils qui avaient un doigt tors comme leur père. M. de Quatrefages a noté chez les Esquimaux cette singularité : comme on coupe la queue aux chiens qu'on attèle aux traîneaux, les petits de ces chiens mutilés naissent souvent sans queue, — Enfin il est inutile, d'entrer dans le détail des maladies héréditaires ; elles sont nombreuses et manifestent sous un triste aspect la régularité des transmissions. — Si, dans cet ordre de fonctions et de phénomènes, il arrive que le semblable ne produise pas toujours le semblable, il faut attribuer ces déviations du type naturel ou de la variété acquise au dualisme des générateurs, ou encore à l'entrecroisement d'autres circonstances dont on a la loi, qui viennent modifier la transmission de ces modes acquis et créer, si je puis dire, certains cas de perturbation normale.

La question est-elle aussi clairement résolue, peut-elle l'être quand il s'agit des phénomènes et des fonctions psychologiques ? Cette faculté de transmission existe-t-elle au même degré pour les caractères intellectuels, affectifs ou moraux ? Selon M. Ribot, la même question doit recevoir la même réponse dans les deux ordres de phénomènes. La vie psychologique n'étant autre chose pour lui qu'un autre aspect de la même activité vitale, elle en subit naturellement les lois. Le principe qu'il cherche à établir, c'est que, dans l'ordre des pensées et des sentiments aussi bien que dans l'ordre des fonctions physiques, l'hérédité est la règle et la non-hérédité l'exception. Tout au plus, en raison de la complexité et de la délicatesse des phénomènes, faut-il faire ici la part plus grande aux causes perturbatrices, déjà invoquées dans l'hérédité physiologique, et qui rétablissent d'une autre manière le règne de la loi, faisant rentrer les exceptions dans la règle par des voies détournées, mais certaines. — Notre dissentiment avec M. Ribot ne porte pas sur tous les points de sa thèse, mais sur un seul. Nous croyons pouvoir établir que, parmi les causes de perturbation qui viennent déranger la succession des modes intellectuels et moraux, M. Ribot a omis la principale, l'énergie spontanée ou acquise du *moi*, de quelque façon qu'elle se soit produite, qui crée une initiative au milieu des résultats prévus ou à prévoir, les modifie ou les bouleverse. Ce point est essentiel pour comprendre les changements prodigieux qui viennent déconcerter l'hérédité psychologique et troubler l'ordre de ses transmissions. Nous voudrions le faire sortir de l'ombre où l'école biologique l'a plongé, et le mettre en pleine lumière. C'est ce même problème qu'il y a trois siècles Montaigne posait déjà en termes précis quand il se demandait : « Quel monstre est-ce que cette goutte de semence de quoi nous sommes produits porte en soi les impressions, non de la force corporelle seulement, mais des pensées et des inclinations de nos pères ? » — Montaigne a raison. Nous portons en nous la trace des pensées et des passions de nos pères ; nous avons contracté dans le commerce des générations qui nous ont amenés à la vie des dispositions et des habitudes. Et pourtant il nous reste une chance d'être nous-mêmes, de rester nous-mêmes au milieu de ces influences qui nous viennent de toutes parts et qui nous arrivent même du fond des siècles, c'est la personnalité, trop méconnue par la psychologie naturaliste.

M. Ribot a consacré une partie très étendue de son ouvrage à l'analyse des faits, et il a raison. La question n'est pas de savoir si l'hérédité psychologique est possible, mais si elle est réelle. Peu importe qu'elle agrée ou non aux différents esprits, selon leur humeur dogmatique, peu importe qu'elle soit plus ou moins d'accord avec tel ou tel système ; il s'agit de savoir si elle existe et dans quelle mesure. « Rassemblons des faits pour nous donner des idées, » disait Buffon. M. Ribot a rassemblé avec un grand zèle ceux qui lui semblaient les plus significatifs. Je ne jurerais pas cependant que ce soient toujours les faits qui, selon le précepte de Buffon, lui ont donné ses idées. Sur plus d'un point, il est sensible que ce sont ses idées qui lui suggèrent, je ne dirai pas les faits, mais l'explication des faits. Il y a là des tentations dont il est bien difficile de se préserver, en pareille matière, dans un sens aussi bien que dans l'autre.

Tout en mettant à profit les riches nomenclatures placées sous nos yeux, nous devons reconnaître qu'il s'en faut que tous les éléments de ces tableaux aient la même valeur et témoignent avec une vraisemblance égale en faveur de l'hérédité. Il y faut introduire, à ce qu'il me semble, un principe de classification qui en distribue l'inégale probabilité à bien des degrés divers et dans des catégories distinctes. S'il y a une induction qui résulte de l'examen comparatif des faits, c'est que l'hérédité s'efface et s'atténue de plus en plus à mesure que les fonctions mentales s'élèvent en importance et en dignité et finit presque par disparaître, tandis qu'elle se montre d'autant plus énergique et active que les modes qu'elle régit ont plus de liens et d'affinités avec l'organisme. On dirait que du fond de l'organisme une force secrète agit sur certains phénomènes limitrophes, les attire à elle et les rattache plus directement à l'hérédité physiologique. Ainsi, sur les vagues frontières qui séparent les deux domaines, la loi se révèle avec une force et une clarté presque dominatrices, qui décroissent sensiblement à mesure que l'on s'élève dans les régions des phénomènes supérieurs et vraiment humains. Cette induction, qui a pour nous la valeur d'un axiome, nous est suggérée par la lecture attentive des tableaux statistiques, qu'il ne faut pas se contenter de lire, qu'il faut interpréter.

Dans le premier groupe, nous rangerons tous les phénomènes de la vie mentale, qui sont sensiblement subordonnés aux conditions de l'organisme, par exemple, les anomalies et les troubles divers de la perception externe, les instincts et spécialement ceux qui se rapportent à la vie physique, les habitudes et les passions, particulièrement celles qui se rapportent à la vie de sensation, enfin les nombreuses variétés de la psychologie morbide. Ici il semble bien que M. Ribot ait raison et que, pour cet ordre de phénomènes, l'hérédité soit manifeste, une hérédité plus ou moins combattue par l'éducation, par le développement de la raison, la culture esthétique ou scientifique, la réaction du caractère personnel, mais enfin dont il est vrai de dire que, sans devenir une fatalité inéluctable dans tous les cas, elle n'en joue pas moins un grand rôle, un rôle d'influence très sensible et parfois prédominante dans notre vie.

Parmi ces phénomènes qui sont d'un genre mixte et marquent le passage de la physiologie à la psychologie viennent se classer naturellement les formes diverses des maladies nerveuses qui affectent plus ou moins profondément l'intelligence. Il n'est pas contestable qu'ici l'hérédité morbide sévisse avec une grande force, bien qu'il soit parfois difficile de la suivre à travers ses métamorphoses. C'est une liste attristante que nous fournissent les annales médicales, parcourant les groupes variés des névroses, l'hypocondrie, l'hystérie, et aussi les divers modes de l'aliénation mentale, l'hallucination, la manie, la monomanie, la démence, la paralysie générale. Bien que les statistiques varient à l'infini sur la proportion des cas héréditaires, la réalité du fait semble hors de doute, et, comme le dit M. Ribot, tous les traités des maladies mentales ne sont qu'un plaidoyer, le plus convaincant, le plus irrésistible pour l'hérédité. La manie du suicide est un des genres d'aliénation où la transmission se marque en traits irrécusables. Esquirol,

Moreau (de Tours), Lucas, Morel, sont unanimes sur ce point. Ils constatent non-seulement la régularité des cas similaires dans les descendants, mais l'uniformité dans la répétition, l'identité de l'âge pour la date de la mort volontaire et l'identité du procédé choisi. Un monomane se tue à trente ans ; son fils arrive à trente ans et fait deux tentatives de suicide. Ces tentatives manquent pour lui, mais pour d'autres elles réussissent. Le même genre de mort est de tradition dans une famille ; les uns se noient, les autres se pendent, les autres se jettent par les fenêtres ; on dirait qu'une obsession fatale arrive à point nommé dans ces existences vouées au suicide et que l'image du genre de mort paternelle attire les fils par une sorte de fascination. Rien de plus navrant que de suivre ainsi les destinées d'une famille à la trace du sang à travers trois ou quatre générations.

A côté des troubles nerveux viendraient prendre place les variétés pathologiques de l'activité sensorielle de la vue, de l'odorat, de l'ouïe, les perversions du goût, les cas singuliers d'anesthésie ou d'hyperesthésie nerveuse. Il y a des familles on l'on naît gaucher. La sensibilité tactile est raffinée et délicate à l'excès chez les peuples du Midi ; elle est généralement obtuse dans les races du Nord, La peau du Lapon est extrêmement peu sensible. Là, dit Montesquieu, « il faut écorcher l'homme pour le faire sentir. » On cite, au contraire, dans d'autres contrées, des personnes qui ne peuvent supporter le simple contact ou même l'approche d'objets comme la soie, le liège. Cette forme de sensibilité maladive se transmet aux enfants et devient héréditaire. — Il en est de même pour la transmission des modes sensoriels de la vue, soit qu'ils tiennent à des causes mécaniques, soit qu'ils proviennent d'une excitation ou d'une dépression de l'élément nerveux. C'est un fait avéré, selon Liebreich, que la myopie est en voie continuelle d'accroissement dans les pays civilisés. Ce qui l'amène, c'est le travail assidu de près, la lecture, le travail intellectuel, et de plus elle se transmet. Aussi en Allemagne, où ce genre de travail est un élément si important de la vie nationale, on a dû renoncer à faire de la myopie une cause de réforme devant les conseils de révision.

M. Guillemot, dans un travail curieux *sur l'Hérédité de quelques lésions acquises*, note ce fait de races diverses d'animaux, tous aveugles, vivant dans les cavernes de la Carniole et du Kentucky. Le défaut d'exercice a longtemps agi sur les générations successives de ces animaux et a fini par aboutir à l'anesthésie totale, la cécité. — Chez l'homme, les aveugles de naissance proviennent souvent de parents aveugles. Dufau cite vingt et un aveugles dont les ascendants, père, mère, grands-parents, oncles, avaient quelque affection grave des yeux. — Le *daltonisme*, l'incapacité de distinguer les couleurs, est transmissible au plus haut degré. Dans huit familles alliées, cette infirmité du sens de la vue a persisté pendant cinq générations et atteint soixante et onze individus. — Au contraire, dans certaines races et chez certaines familles, l'usage accumulé et transmis pendant plusieurs générations développe la vision d'une façon extraordinaire. Darwin nous donne l'exemple des habitants de la Terre-de-Feu, qui, à bord de son navire, voyaient des objets à une distance considérable, où n'atteignait pas le regard exercé des matelots anglais. Pallas, le voyageur, raconte que les Mongoliens des plaines du Nord peuvent voir à l'œil nu les satellites de Jupiter. — Les mêmes observations ont été faites sur les variétés héréditaires des sensations de l'ouïe, de l'odorat et du goût. Gratiolet raconte qu'un vieux morceau de peau de loup, usé jusqu'au cuir, présenté à un petit chien, le jetait dans des convulsions épouvantables, et cependant ce petit chien n'avait jamais vu de loup. Bien des exemples de ce genre prouvent également chez l'homme la transmission de sentiments singuliers attachés à certaines perceptions. L'anesthésie du goût et l'antipathie pour des odeurs déterminées sont héréditaires. — Dans tous ces cas, on dira sans doute qu'il ne s'agit pas tant d'hérédité intellectuelle que d'hérédité physiologique. Mais ici la ligne de démarcation est très difficile à marquer ; les opérations des sens tiennent de trop près à l'intelligence pour que leurs anomalies ne produisent pas sur elle des effets correspondants, et qui, se transmettant avec leurs causes, engagent déjà la question de l'hérédité psychologique.

La même faculté de transmission se constate pour les instincts, et non pas seulement pour ceux qu'on appelle *naturels* ou *primitifs* et qui appartiennent à tous les individus des espèces actuellement vivantes, mais pour ceux qui sont acquis et dont la formation a pu être observée à un certain moment et dans des circonstances déterminées. Darwin a établi ce fait remarquable que les animaux qui habitent les îles désertes n'ont pas peur de l'homme la première fois qu'ils le rencontrent, mais que, peu à peu, ils deviennent craintifs, à mesure qu'ils expérimentent nos moyens de destruction, et qu'ils transmettent à leurs descendants l'habitude d'une méfiance salutaire. Cette forme de l'hérédité est utilisée tous les jours pour le dressage des animaux, chez qui l'on réussit à fixer certaines dispositions et aptitudes utiles. Chez l'homme, elle devient un auxiliaire énergique de l'éducation ; il n'est pas douteux qu'il soit beaucoup plus facile d'obtenir des résultats élevés et durables dans une race où l'on a emmagasiné dans le cours des siècles un certain nombre d'instincts et d'habitudes conformes à cet état supérieur et qui a déjà reçu, avec le sang et les nerfs, une sorte d'éducation anticipée.

La catégorie des penchants et des passions qui se rapportent à la vie physique serait facile à remplir de faits très significatifs, par exemple ceux qui composent l'hérédité de la dipsomanie, ou l'*alcoolisme*, avec toutes ses transformations possibles. Car la passion de boire ne se transmet pas toujours sous cette forme : « Un de ses effets les plus fréquents, dit Magnus Huss, c'est l'atrophie partielle ou générale du cerveau : cet organe est diminué au point de ne plus remplir la botte osseuse. De là une dégénérescence mentale qui, chez les enfants, produit des fous ou des idiots. » Quelles histoires que celles que racontent les auteurs spéciaux qui ont poursuivi ce genre d'hérédité ! Un homme meurt d'alcoolisme chronique, laissant sept enfants : les deux premiers meurent en bas âge par suite de convulsions. Le troisième devient aliéné à vingt-deux ans et meurt idiot. Le quatrième, après des essais de suicide, tombe dans l'idiotie. Le cinquième est irritable, misanthrope et se brouille avec toute sa famille. Sa sœur est en proie à l'hystérie la plus prononcée et à une folie intermittente. Le septième seul lutte contre son tempérament à force d'intelligence et de volonté. — Dans une autre famille, voici les phases diverses parcourues : à la première génération, ivrognerie ; à la deuxième, ivrognerie avec aggravation ; à la troisième, hypocondrie ; à la quatrième, stupidité, extinction probable de la race. Sous des formes diverses, c'est l'hérédité qui fait son œuvre. — Elle la fait aussi, cette œuvre funeste, dans des passions d'un ordre plus complexe et qui, en apparence, sont plus indépendantes de l'organisme, la passion de l'argent, l'avarice, le jeu, le vol, l'homicide. Le docteur Maudsley prétend, avec preuves à l'appui, que, quand un homme a beaucoup travaillé pour arriver à la richesse, il reste dans ses descendants une fourberie et une duplicité instinctives, un extrême égoïsme, une diminution sensible ou même une absence d'idées morales, l'excessive passion pour l'argent absorbant toutes les forces de la vie et prédisposant à une décadence morale, ou intellectuelle et morale tout à la fois. Enfin l'hérédité de la tendance au vol et à l'assassinat est démontrée par les annales criminelles de tous les pays où les cas de transmission dans les familles sont, nous dit-on, très nombreux et tout à fait concluants.

Nombreux, j'y consens ; concluants, pas toujours autant qu'on pourrait le croire. Dans tous les phénomènes d'ordres variés que nous venons d'énumérer d'après M. Ribot, mais en les classant autrement que lui, il faut bien distinguer ceux qui dépendent d'un élément morbide introduit dans l'organisme et ceux qui n'en dépendent pas aussi sensiblement et qui relèvent peut-être de quelque autre cause. Ce terme *morbide*, plus spécialement employé dans certains cas, prouve d'ailleurs qu'il ne s'agit plus d'hérédité psychologique proprement dite. Partout où il s'applique, c'est de quelque lésion organique qu'il s'agit, de quelque altération des tissus nerveux, transmise avec la vie physique. Dès lors la question change de nature et d'aspect. Voyons, par exemple, ce qui se passe pour l'aliénation : bien qu'elle soit mentale dans ses effets, il est très probable qu'elle est physique dans quelques-unes de ses causes, sinon dans toutes, et ce qui est une probabilité pour la folie individuelle devient une certitude pour la folie héréditaire. Il en résulte que le problème, au moins dans ce dernier cas, est d'ordre physiologique. De même pour la maladie de l'alcoolisme qui, une fois contractée, se transmet avec les conditions d'un système nerveux profondément troublé. On cite aussi quelques traits de la manie du vol et de l'assassinat, dont le signalement semble révéler une sorte de fatalisme héréditaire et d'irresponsabilité imputable à l'empire absolu de causes physiologiques. Mais déjà ici le doute est possible et les cas sont très rares où l'évidence s'impose ; — De bonne foi, et si l'on met à part ces faits exceptionnels, dans la généralité des cas, chez ces criminels qui semblent hériter des tendances funestes d'une famille, ne subsiste-t-il pas encore une part de liberté qui, mieux cultivée et autrement dirigée, dans des milieux plus favorables par l'exemple et la discipline morale, aurait pu soustraire le malfaiteur à ce déterminisme physique qu'on invoque en sa faveur ? La tendance au crime n'était pas irrésistible par le fait seul de l'hérédité ; elle l'est devenue. Il faut tenir grand compte enfin de l'action du caractère sur lui-même, qui fait que, dans des conditions identiques d'hérédité et d'éducation, les uns se sauvent, les autres se perdent irrémissiblement, sans qu'on puisse chercher à cette différence des destinées une autre cause que celle de la personnalité, que l'on veut en vain proscrire.

Pour mettre sur ce point notre pensée en lumière, nous pourrions prendre l'exemple d'une infirmité singulière, le bégaiement. A coup sûr, elle dépend d'une cause physique, bien, que d'autre part, des causes intellectuelles y concourent ; elle est soumise à la loi de l'hérédité, et cependant elle est susceptible d'être parfaitement réformée par la volonté. En 1875, l'Académie de médecine disait, à propos d'un mémoire sur *l'Orthophonie* de M. Colombat (de l'Isère) : « Le redressement vocal du bégaiement est sorti du domaine de la médecine pour entrer dans celui de l'enseignement ; on ne traite pas le bègue, on fait son éducation. Le bègue n'a pas un médecin, mais un professeur. » Or si l'on consulte les principes de l'habile professeur couronné par l'Académie de médecine, on verra que tous se résument dans une série d'exercices imposés à l'élève, d'actes volontaires qu'on lui suggère et qui lui permettant de rétablir l'harmonie troublée entre l'influx nerveux qui suit la pensée et les mouvements musculaires au moyen desquels on peut l'exprimer par la parole. L'éducation du bègue consiste donc dans une sollicitation continuelle de sa volonté, et il est guéri déjà par avance dès qu'il a compris que sa guérison dépend de l'énergie personnelle qu'il apportera au redressement de son infirmité. « Lorsque le bégaiement est héréditaire, le redressement est plus lent, mais il est aussi certain que dans les autres cas, de sorte qu'il appartient à l'individu de fixer en lui et de léguer à ses descendants l'habitude d'une parole correcte qu'il doit à l'énergie déployée pour refaire ce qui a été mal fait par d'autres ou par la nature. C'est un exemple intéressant de solidarité morale. »

J'ajouterai que c'est un exemple intéressant du pouvoir de la volonté sur l'organisme, fit ce pouvoir, qui pourrait dire au juste jusqu'où il s'applique ? Qui peut en mesurer les effets ? Qui peut en déterminer tous les résultats possibles ? Comme il est de soi indéterminé, on veut n'en pas tenir compte. C'est vraiment trop commode. Là même où la liberté paraît le plus sérieusement compromise, par exemple dans la folie et le suicide héréditaires, prenons garde d'être dupes et de trop accorder au prestige des nombres que l'on fait évoluer devant nos yeux. Tous ces tableaux qu'on nous présente ont le double inconvénient d'être très incomplets dans leurs données et souvent contradictoires. Il y a dans ces statistiques des écarts qui étonnent. Après avoir constaté que l'hérédité est au premier rang des causes de la folie, notre consciencieux auteur se pose cette question : Dans quelle proportion agit cette cause par rapport aux autres ? Et voici sa réponse : « Les relevés divers s'accordent très peu entre eux. Les folies héréditaires représentent pour Moreau (de Tours) les 9/10 ; pour d'autres, 1/10 seulement. D'après Maudsley, le chiffre serait au-dessus de 1/4 et au-dessous de 1/2 ; sur cinquante cas d'aliénation qu'il a soigneusement examinés, il en a trouvé seize héréditaires, ce qui donnerait 1/3. Legrand du Saulle a rassemblé quarante-cinq statistiques faites en différents pays d'Europe ou d'Asie ; elles varient de 4 pour 100 à 85 pour 100. » On voit quel vague et quelle incertitude règnent encore dans les documents de ce genre et leurs résultats. D'ailleurs de pareilles statistiques ne répondent qu'à un côté de la question. Quand il s'agit de suicide ou d'aliénation, on ne manque pas de noter les cas similaires dans les ascendants, les faits qui montrent en acte la loi de l'hérédité ; on passe sous silence ceux où la loi ne s'accomplit pas. Un aliéné est soumis à l'examen médical ; on découvre qu'il y a eu des troubles nerveux chez quelqu'un de ses ascendants. Mais si ce fait d'aliénation, qui attire votre attention sur les ascendants, ne s'était pas produit, ces troubles nerveux sans héritiers auraient passé inaperçus ; on les aurait vite oubliés ; on ne s'en souvient qu'à l'occasion du cas similaire qui se produit dans la même famille à la première ou à la seconde génération. Or, combien de malades on aurait trouvés, si on les avait cherchés, qui n'ont pas transmis leur maladie ? Combien de membres de la même famille, sous l'empire des mêmes conditions physiologiques, ont échappé à l'hérédité fatale, on ne le sait pas, on ne le saura jamais. Précisément parce qu'ils ont échappé au mal, on n'a pas tenu compte de leur immunité, on les a perdus de vue. En face de ces statistiques incomplètes et partielles, il y aurait donc à établir une contrepartie indispensable, celle d'une enquête négative. Peut-être se convaincrait-on alors que, même dans les phénomènes mixtes que nous avons examinés jusqu'ici, l'hérédité est moins fréquente qu'on ne l'imagine, que les cas similaires frappent l'esprit davantage et par là peuvent le tromper, qu'en tout cas l'hérédité constitue une tendance plus ou moins énergique, mais qu'elle ne constitue que rarement une fatalité positive. Assurément il ne viendra à l'esprit de personne de nier la part de déterminisme que peut contenir l'hérédité ; mais il importe de ne pas l'exagérer, il la faut enfermer dans certaines limites, il convient de lui retirer une partie des domaines qu'on lui a trop libéralement cédés.

A plus forte raison, ce que nous disons des phénomènes mixtes s'applique à la psychologie proprement dite. Il se produit là comme un affranchissement graduel de notre nature propre, de plus en plus indépendante de l'organisme et de la nature physique. M. Ribot pose en ces termes, que nous acceptons volontiers, le problème de l'hérédité dans cet ordre de phénomènes : « Les modes supérieurs de l'intelligence sont-ils transmissibles comme les modes inférieurs ? Nos facultés d'abstraire, de juger, d'inventer, sont-elles régies par l'hérédité, comme nos facultés perceptives ou comme les formes morbides de l'esprit ?... Décomposer l'activité intellectuelle en opérations élémentaires (imagination, jugement, raison), comme le fait la psychologie analytique, et rechercher si chacune de ces formes est transmissible par l'hérédité, c'est poser la question sous une forme artificielle, souvent inacceptable. La nature des choses nous impose une autre méthode. Tout mode d'activité intellectuelle, quel qu'il soit, aboutit à un effet, à un résultat, trivial ou relevé, vulgaire ou insolite, théorique ou pratique ; il se traduit par une création artistique ou industrielle, une œuvre scientifique ou simplement un acte de la vie ordinaire. Ces résultats, qui sont la forme concrète, et pour ainsi dire palpable de l'activité mentale, peuvent seuls servir de point d'appui à notre recherche. » La question traduite dans le langage de tout le monde se réduit donc à savoir si le génie, le talent, la finesse, les aptitudes extraordinaires à l'art, à la science, à l'action, ou même les tours particuliers d'esprit, les manières singulières de penser ou de sentir, sont héréditaires et dans quelle mesure? M. Galton ne s'est occupé dans sa célèbre monographie que de *l'Hérédité du génie*; c'est à un point de vue plus restreint encore que M. Alphonse de Candolle, dans sa très curieuse *Histoire des sciences et des savants depuis deux siècles*, a examiné ce problème.

M. Galton déroule devant nous de vastes tableaux de familles où l'on nous assure que les dons de l'invention et de l'art sont héréditaires. M. Ribot nous avertit, en les reproduisant, qu'ils ne contiennent pas une énumération complète, mais seulement un choix des cas les plus significatifs. Ce qui importe, en effet, c'est la qualité des expériences, non leur quantité. Eh bien ! nous avouons qu'à chaque lecture nouvelle que nous avons faite de ces tableaux où ont été enregistrés avec tant de soin les cas d'hérédité du talent ou du génie, nous avons été de moins en moins convaincus. Il est bien peu de ces exemples où l'on puisse voir ces *expérimenta lucifera* que demandait Bacon, et qui, même restreints à des cas isolés, dominent l'esprit en l'éclairant. Prenons d'abord l'imagination créatrice, celle qui fait les poètes, les musiciens et les peintres. Sur cinquante et un poètes nous en trouvons vingt et un qui ont eu des parents remarquables. Mais qu'appelle-t-on des parents remarquables ? Sont-ce des poètes ? Cela seul aurait une signification. Je prends au hasard quelques noms dans la liste : « Burns paraît avoir reçu de sa mère cette excessive sensibilité qui a fait de lui un des premiers poètes de l'Angleterre. — Chaucer, l'un des fondateurs de la poésie anglaise : son fils, sir Thomas, speaker de la chambre des communes, ambassadeur en France. — Henri Heine peut être rapproché de son oncle Salomon Heine, célèbre philanthrope allemand. » Quels rapprochements inattendus ! La liste des peintres produit de meilleurs exemples. Sur une liste de quarante-deux peintres, italiens, espagnols ou flamands, M. Galton en a trouvé vingt et un qui se rattachent à des parentés célèbres. Parmi les musiciens, la famille des Bach est le plus beau cas d'hérédité spéciale que l'on puisse citer. Elle commence en 1550 et traverse huit générations. Nous verrons tout à l'heure si, dans ces sortes de dynasties de peintres et de musiciens, l'hérédité explique tout, et si d'autres causes n'ont pas concouru à ce résultat. De l'imagination nous passons à l'intelligence proprement dite, qui comprend la réflexion, l'érudition, le goût, la faculté critique, le sens de l'observation, la science inventive. On peut établir deux catégories parmi ceux chez qui prédomine l'intelligence pure. Dans la première, on rangera les savants, les philosophes, les économistes ; dans la seconde, les écrivains proprement dits, historiens et critiques. Les familles scientifiques ne sont pas rares. On cite volontiers la race célèbre des Bernouilli, qui a produit en si peu de temps un si grand nombre de mathématiciens, de physiciens et de naturalistes. En revanche, on avoue que l'hérédité chez les philosophes est rare, mais on en donne une raison assez péremptoire : pour ne parler que des temps modernes, Descartes, Leibniz,

Malebranche, Kant, Spinoza, Hume, A. Comte, Schopenhauer, n'ont pas été mariés ou n'ont pas eu d'enfants. Parmi les écrivains et les lettrés, on remarque sur une liste beaucoup trop longue et surchargée d'exemples douteux, quelques noms dignes d'être signalés, comme ceux des Sénèque, des Casaubon, des Etienne, des Hallam, des Schlegel. Viennent enfin les facultés actives, celles qui font les hommes politiques et les grands hommes de guerre, et dont on prétend qu'elles sont héréditaires comme les autres. Une énergie fortement trempée, toujours en exercice et les qualités qu'elle suppose, hardiesse, courage, confiance en soi, ascendant sur les timides, empire sur les irrésolus, tout cela qui constitue l'homme d'action, l'homme d'initiative, le grand capitaine ou l'homme d'état est-il transmissible ? On n'hésite pas à répondre par une affirmation absolue, et comme types d'hérédité ascendante et descendante on cite, parmi les hommes politiques César, Charles-Quint, Cromwell, les Guise, les Mirabeau, les Richelieu, les Pitt ; parmi les hommes de guerre, Alexandre le Grand, Annibal, Charlemagne, Gustave-Adolphe, Napoléon.

Ces longues nomenclatures produisent une sorte de vertige. Il faut s'y soustraire par quelques réflexions bien simples qui diminueront un peu la valeur des faits artificiellement assemblés. Nous ne voudrions pas entrer, ce qui serait facile, dans une discussion anecdotique qui réduirait beaucoup la part à faire, soit aux ascendants, soit aux descendants de ces privilégiés du talent ou du génie ; mais en réalité que représentent tous ces faits, laborieusement recueillis dans l'histoire de tous les temps et de tous les pays, au prix de l'immense, de l'inépuisable réalité qui remplit la vie ? Quelques cas isolés, exceptionnels, extraordinaires, dont l'imagination est saisie en raison même de leur singularité. Si, dans cet ordre de phénomènes, l'hérédité était la loi visible, incontestable, remarquerait-on, par exemple, la mémoire extraordinaire des Porson, ou la faculté politique des Médicis, ou le don musical des Bach ? On remarquerait, au contraire, les cas qui feraient exception à la règle ; ce serait la non-hérédité que l'on signalerait à notre attention. Qu'arriverait-il de ces fameuses listes de M. Galton, si l'on dressait celle des faits négatifs ? On nous répondra, je le sais, que partout où un fait négatif se produit, il y a eu quelque cause perturbatrice provisoirement ignorée. Cela est bien possible, on peut imaginer cette raison et bien d'autres. Cependant, si le nombre des cas négatifs, notés par un observateur attentif pendant une certaine période d'années, dans le cercle restreint de la vie ordinaire et non pas seulement sur le théâtre des grands événements, si le nombre des cas inexplicables par la loi de l'hérédité mentale excédait celui des cas auxquels elle semble s'appliquer, que deviendrait la loi elle-même et que serait-ce qu'une loi qui ne régirait que des exceptions ? Que faudrait-il en conclure, avec la plus grande indulgence, sinon que cette loi reste fort obscure chez les individus, que son action se complique de mille influences qui la contrarient ou l'annulent, en un mot, qu'en dehors de certains faits extraordinaires, mais où d'autres causes peuvent concourir, elle manque de vérification sérieuse ? Et, en effet, que de faits étranges, incertains ! Que de parentés douteuses et vagues dans l'ordre de l'intelligence ! Que de relations peu authentiques entre diverses manières d'avoir de l'esprit, ou du bon sens, ou du talent ou du génie ! L'immense multitude des faits insignifiants, douteux ou négatifs, déborde l'observateur, échappe à ses prises et laisse dans la théorie des vides irréparables qui la faussent ou la brisent.

M. Galton a essayé de serrer de plus près ces résultats de l'hérédité mentale : « Il y a, dit-il, actuellement dans les Iles-Britanniques deux millions de mâles au-dessus de cinquante ans ; parmi eux, j'en trouve huit cent cinquante illustres et cinq cents éminents. Sur un million d'hommes, il y en aura donc quatre cent vingt-cinq illustres et deux cent cinquante éminents. Étant donné un homme éminent ou illustre, quelle chance avons-nous de lui trouver un père, un grand père, un petit-fils, un frère, un neveu, un petit-neveu éminent ou illustre ? » M. Galton a étudié d'abord les familles des huit juges d'Angleterre, qui constituent la plus haute magistrature anglaise (de 1660 à 1865). Ce travail s'est étendu sur deux cent quatre-vingt-six juges, et parmi eux l'auteur en a trouvé cent douze qui ont eu un ou plusieurs parents illustres. Puis il a porté ses recherches sur sept groupes : hommes d'état, généraux, littérateurs, savants, poètes, artistes, ecclésiastiques protestants. Il a étudié environ trois cents familles, qui contiennent entre elles près de mille hommes remarquables, parmi lesquelles environ quatre cent quinze illustres. D'après ces nombres comparés entre eux, la chance qu'un homme remarquable ait des parents qui le soient aussi serait pour le père de 31 pour 100 ; pour les frères, de 41 pour 100 ; pour les fils, de 48 pour 100. Mais, qu'on le remarque, ce ne sont pas des lois, ce sont uniquement des moyennes, établies sur un grand nombre de chiffres différents et qui, dès lors, ne peuvent pas conduire à la détermination quantitative, c'est-à-dire à la certitude, ni à la prévision. C'est un objet de curiosité plutôt que de science : « Cette recherche statistique sur l'hérédité ne tient pas ce qu'elle promet, dit très bien M. Ribot… La détermination quantitative n'existe que dans les mathématiques et une partie de la physique ; elle n'a pas encore pénétré dans la biologie ; comment donc arriverait-elle jusqu'aux sciences morales et sociales ? Il est même douteux que jamais elle y parvienne. Le chiffre est un instrument à la fois trop grossier pour effiler la fine trame des phénomènes et trop fragile pour pénétrer bien avant dans leur nature si compliquée et si multiple. Avec sa précision apparente, il s'en tient à la surface ; car il ne peut nous donner que la quantité, et ici elle est bien peu au prix de la qualité. » Les résultats de la statistique de M. Galton n'ont pu sortir du vague, malgré leur apparente rigueur. Qu'est-ce, je le demande, qu'un homme éminent, qu'un homme illustre, qu'un homme remarquable ? Toute la statistique est fondée sur cette distinction de termes, qu'il faudrait d'abord éclaircir. On peut avoir été *remarquable* pour la notice nécrologique du *Times*, en l'année 1868, et être aujourd'hui classé parmi les obscurs dont les honnêtes légions remplissent dans l'histoire les intervalles des grands noms. Et puis, pourquoi les hommes *éminents* sont-ils moins nombreux de moitié dans ces statistiques que les *illustres* ? Où finit l'*éminence* ? Où commence l'*illustration* ? Qui peut mesurer ces différences ? Et la mesure n'est-elle pas entièrement subjective ? Tout cela est, en vérité, plus curieux qu'utile et ne conclut guère.

L'hérédité mentale se marque beaucoup plus clairement dans les faits collectifs ou généraux, ceux qui intéressent les races et les nations. Autant les informations, qu'on nous donne sur les individus, leurs ascendants et leurs descendants, nous paraissent vagues, contestables, dénuées de rigueur et de précision, autant les observations tendent à se préciser sous la forme ethnologique. On dirait qu'alors l'hérédité s'imprime en plus gros caractères sur les masses humaines. Il y a des manières de penser et de sentir très vives et très particulières qui se transmettent dans un peuple et font sa marque distinctive au milieu des autres groupes de l'espèce humaine. Qui peut nier la permanence de ce qu'on appelle le caractère national ? C'est sur ce fait considérable que Lazarus et Steinthal ont jeté les fondements d'une *Psychologie des peuples*, « qui a pour but de déterminer la nature de l'esprit d'un peuple et de découvrir les lois qui règlent son activité interne ou spirituelle, ou idéale, dans la vie, dans l'art et dans la science. » Est-il possible de méconnaître l'étrange parenté qui unit, à travers leurs pérégrinations, leurs exils divers et leur fortune errante, mais toujours accrue, toutes les branches du peuple d'Israël ? Qui ne connaît les traits distinctifs de sa physionomie intellectuelle et morale, plus sensibles encore que les traits de sa conformation physique ? Et les Chinois, à mesure qu'ils se répandent à travers le monde, ne gardent-ils pas le signe indélébile de leurs facultés mentales, le don prodigieux d'assimilation, sans aucun don d'invention ? Et quand cette race prolifique aura envahi de sa domesticité et de son industrie à bon marché la vieille Europe, comme elle est en train d'envahir le Nouveau-Monde, croit-on qu'elle modifiera de sitôt quelque chose à sa manière de comprendre et de sentir la vie ? — Le Gaulois que nous décrivaient Strabon, Diodore, César, ne revit-il pas dans le Français du XIXe siècle avec sa vanité incurable, sa légèreté d'esprit, ses engouements faciles et aussi avec ses brillantes qualités, sa promptitude de compréhension, sa générosité ? — Et pour généraliser la question, n'est-il pas évident que, si l'on compare les races humaines, l'hérédité mentale s'y manifeste en grand ? Toutes ne participent pas aux mêmes aptitudes de l'esprit. La race blanche est plus intellectuelle que les races colorées, chez lesquelles on ne peut pas rencontrer d'hommes ayant fait des découvertes scientifiques. Et même, dans la race blanche, quelle variété d'aptitudes héréditaires ! Certains groupes, par exemple, ne comprennent pas que, pour arriver à certaines fins, il est indispensable d'avoir une méthode : ils sont incapables d'observer scientifiquement. Cette faculté distingue les peuples européens ou d'origine européenne des peuples orientaux. De là une conséquence grave : il ne suffit pas d'introduire chez les peuples arriérés des moyens d'instruction, des industries, des causes favorables aux sciences pour susciter de vrais savants ; il faudrait pouvoir modifier toute l'hérédité mentale, l'esprit et les penchants devenus instinctifs. On le voit très bien en Turquie, en Egypte, dans l'Inde, où la civilisation européenne commence à pénétrer chez des hommes de la même race que la nôtre au point de vue extérieur, mais très différents sous le rapport intellectuel. Il est difficile d'éveiller en eux ces deux grandes aptitudes, la curiosité scientifique et le goût de la méthode. C'est le patrimoine de la vieille Europe, et il lui restera jusqu'à ce que l'évolution ait fait son œuvre. — Quoi qu'on fasse, les faits individuels ne prouvent pas grand'chose dans cet ordre de phénomènes. On a beau les interroger, les réponses qu'on obtient sont plus ou moins obscures et sujettes à mille restrictions ; la loi s'efface à mesure que l'horizon de l'observateur se restreint ; il reste seulement des cas d'analogie et d'uniformité curieuses. La preuve se relève et se fortifie singulièrement quand elle porte non plus sur les individus, mais sur les ensembles. Ici se manifeste avec éclat la loi de l'hérédité par la transmission des traits intellectuels ou moraux qui forment le caractère national d'un peuple ou le type psychologique d'une race. Il n'y a là qu'une contradiction apparente et nous en donnerons la raison dans les conclusions de cette étude.

II

Nous avons à juger maintenant cette tentative qu'on a faite pour réduire à la loi d'hérédité tous les phénomènes intellectuels et moraux. D'après notre exposé des faits, il est assez clair que nous ne prétendons pas nier, cette loi, même dans l'ordre psychologique nous voudrions seulement lui faire sa part, l'enfermer dans ses vraies limites, qui ont été, à ce qu'il nous semble, démesurément étendues. Pour se restreindre elle-même (ce qui est nécessaire dans un si vaste sujet), notre critique se bornera à ces deux points : Est-il d'une bonne méthode philosophique d'expliquer par l'hérédité seule les phénomènes les plus complexes, les plus délicats et les plus considérables de la vie humaine, quand on peut, au moins avec autant de vraisemblance, faire intervenir d'autres causes, négligées à tort, très sensibles pourtant et même plus directement observables ? — Enfin est-il vrai, comme on le prétend, que toutes les exceptions à la loi d'hérédité, même dans l'ordre intellectuel et moral, ne soient que des apparences ?

Parlons d'abord de tous ces faits si curieux qui concernent l'hérédité intellectuelle. Pour quelques-uns de ces faits, qui sont précisément les plus extraordinaires, aucune cause assignable n'en rend suffisamment compte, pas même l'hérédité. Voilà ce que nous essaierons d'établir. Quant aux autres faits de cette catégorie, ils s'expliquent tout aussi bien, mieux souvent, par le milieu, par l'éducation, les habitudes, l'atmosphère intellectuelle et morale où vit l'enfant, la force des influences qu'il subit et des exemples qui lui sont donnés. M. Ribot veut qu'on nous débarrasse de ces explications superficielles par lesquelles on croit pouvoir remplacer l'hérédité. Le mot est dur, injuste même. Selon lui, l'influence de l'éducation n'est jamais absolue et n'a d'action efficace que sur les natures moyennes. Sans discuter pour le moment cet axiome, nous reconnaissons que le milieu seul n'explique pas le génie, qu'il ne crée pas les facultés supérieures ; mais il les manifeste, il les révèle là où elles existent. Que de nobles et hautes intelligences ont du périr, étouffées dans leur germe par des circonstances défavorables et des milieux hostiles ! Quelle part, au contraire, ne doivent pas avoir dans l'éclosion des esprits supérieurs, au sein de certaines familles privilégiées, l'exemple des procédés les plus délicats d'investigation, s'il s'agit des sciences naturelles, l'habitude des méthodes rigoureuses, s'il s'agit des sciences exactes ! Qui pourrait démêler ici d'une main assez habile, dans la traîne de ces influences diverses, ce qui revient à l'éducation et ce qui revient à l'hérédité ?

Quelqu'un l'a tenté, non sans succès. C'est M. de Candolle, dans son *Histoire des sciences et des savants depuis deux siècles.* Ce livre, malheureusement composé de fragments épars et mal classés, abonde en observations justes et fines et tout particulièrement sur cette question. M. de Candolle n'a pas de parti-pris contre l'hérédité. Il en a étudié les symptômes et suivi les traces à travers deux siècles, non pas dans des nomenclatures trop vastes pour n'être pas arbitraires et vagues, mais sur un terrain circonscrit, sur les listes des associés étrangers des Académies de Paris, de Londres et de Berlin. C'est après un long et patient examen qu'il est arrivé à des conclusions que nous adoptons volontiers, toutefois en les modifiant librement, en les appliquant en dehors des cadres où M. de Candolle s'est enfermé, en leur imprimant un certain caractère de généralité.

Tout d'abord il faut mettre à part (ce que M. de Candolle n'a pas fait avec assez de soin) le génie proprement dit, qu'on ne peut faire rentrer dans aucune catégorie déterminée. C'est là l'erreur qui vicie à nos yeux tout le travail de M. Galton et que le titre révèle naïvement : *Hereditary Genius.* C'est surtout le génie qui n'est pas un phénomène d'hérédité. Nous n'essaierons pas de l'expliquer ; mais M. Galton ne l'explique pas davantage, et son tort est de croire qu'il l'explique. Précisément dans ce que le génie a d'extraordinaire et d'exceptionnel, c'est-à-dire dans ce qui fait proprement son essence, il échappe à toutes nos formules ; il est le phénomène anormal par excellence, qu'on ne peut ni réduire à ses derniers éléments, ni classer dans un genre, phénomène irréductible, dont l'éclosion n'a pas de loi, au moins pour la science humaine, pas plus pour la physiologie qui a prétendu en rendre compte que pour la psychologie qui reste sans réponse suffisante devant ce grand problème. C'est là surtout que se révèle l'indigence des listes de M. Galton ; c'est bien en vain qu'il essaie de rattacher des lignées d'artistes et de savants à l'homme illustre qui éclate à l'improviste au milieu d'eux. Même dans cette famille musicale des Bach, qui s'étend à travers huit générations et sur deux siècles, on a beau énumérer les exemples d'un don particulier pour la musique qui se répète dans chaque génération : on a beau faire défiler devant nous tous ces braves gens, ces organistes, ces chantres de paroisse, ces maîtres de chapelle, ces musiciens de ville qui sont des ascendants ou des fils, des petits-fils, qu'est-ce que tout cela ? Il n'y a qu'un seul Sébastien Bach. D'où est venue cette impulsion particulière, cette force d'élan qui l'a porté au plus haut sommet de l'inspiration ? Pourquoi lui tout seul dans sa famille a-t-il fait cette suite prodigieuse de préludes, de fugues, d'oratorios qui restent des monuments isolés dans l'histoire du grand art ? Pourquoi lui et pas un autre ? Ce ne sont pas les tables de M. Galton qui nous donnent les clés du mystère. Elles révèlent simplement une transmission de la faculté musicale, une communauté des mêmes aptitudes chez les membres de cette famille. Mais c'est cela seul qui ne lui était pas commun avec les autres, cela qui a fait Sébastien Bach qu'il fallait expliquer, et c'est précisément ce que l'hérédité n'explique pas. Les aptitudes ont été transmises comme un patrimoine, mais le grand phénomène génial n'a été que la propriété d'un seul et ne s'est produit qu'une fois. Il est donc en dehors de l'hérédité, puisqu'il est unique. — Les mêmes réflexions, et avec plus de force encore, pourraient être faites à propos de Beethoven, pour lequel on ne peut alléguer que des exemples vraiment peu significatifs, ceux de son père et de son grand-père, maîtres de la chapelle de l'électeur de Cologne. Qu'est-ce que cela prouve pour l'hérédité du génie ? Nous pourrions puiser à pleines mains dans ces nomenclatures, qui abondent en cas négatifs. Citerons-nous, parmi les peintres, le plus grand de tous, Raphaël (dont le père avait quelque mérite, sans doute, mais ce n'est pas de mérite qu'il s'agit), ou Titien, dont les deux fils et le frère savaient manier habilement le pinceau ? Parmi les grands savants, quel rapport sérieux peut-il exister, dans l'ordre de l'invention et du génie, entre Aristote et son père Nicomaque, médecin d'Amintas II, dont nous ne savons presque rien ? Ou bien encore entre Galilée et son père Vicenzo, qui a écrit une théorie de la musique, entre Leibniz et son père, professeur de jurisprudence à Leipzig ? Il n'y a vraiment qu'un seul exemple qu'on puisse nous opposer, la famille des Bernouilli, célèbre par le nombre de mathématiciens, de physiciens, de naturalistes qu'elle a produits pendant plusieurs générations. Encore faut-il bien se rendre compte de ce fait qu'un seul, Jean, fut placé par des contemporains à côté de Newton et de Leibniz pour ses belles découvertes mathématiques. Les autres furent des hommes très distingués, ce qui est bien différent ; mais le génie reste à part.

Encore peut-on dire que, dans ces trois ordres de création, la peinture, la musique, les sciences mathématiques, il y a quelque chose d'héréditaire, non le génie assurément, mais une condition du génie, ou bien un certain apprentissage nécessaire, ou bien même une aptitude mixte, à la fois d'ordre physiologique et d'ordre intellectuel, qui sert à déterminer certaines vocations. C'est par là qu'on peut comprendre cette singularité de rencontres nombreuses de musiciens, ou de peintres ou de savants dans la même famille. Chez les peintres, par exemple, il y a quelque chose dont l'inspiration même ne peut se passer, c'est un certain nombre de données premières, de procédés techniques pour le dessin ou la couleur qui se transmettent plus aisément par l'exemple et par l'imitation dans l'atelier du père et qui se distribuent comme un patrimoine commun entre les enfants. Un seul de ceux-là s'élèvera au premier rang ; mais cette initiation du métier lui aura été indispensable comme économie de temps et de travail et aussi comme facilité pour laisser l'inspiration plus libre. Macaulay a dit avec raison qu'Homère, réduit au langage d'une tribu sauvage, n'aurait pu se manifester à nous, et que Phidias n'aurait pas fait sa Minerve avec un tronc d'arbre et une arête de poisson. Il faut tenir compte de ces circonstances heureuses, qui se présentent à l'artiste dans certaines familles pour vaincre les premiers obstacles du métier et pour mettre dans la main du génie futur des instruments plus dociles, un crayon ou un pinceau plus familiers et déjà plus habiles dès le premier âge.

Des observations analogues pourraient être faites à propos des musiciens et des savants. Il y a là un élément en partie physiologique et, par conséquent, susceptible d'être héréditaire, qu'il faut noter, c'est la facilité de calculer qui existe dans certaines familles, à peu près comme celle de comprendre instinctivement la musique, que d'autres familles présentent à un degré singulier. M. de Candolle a très bien observé et décrit ces phénomènes. Le sentiment de la musique, c'est-à-dire une aptitude à mesurer le temps et à distinguer les notes, est une disposition de naissance chez beaucoup d'enfants, et dont on trouve l'origine, dans beaucoup de cas, chez le père, la mère ou les descendants qui ont précédé. Quand les parents des deux côtés sont musiciens, presque toujours les enfants naissent avec l'oreille juste. Quand l'un des parents est seul musicien, on voit souvent des frères ou des sœurs différer sous ce rapport. L'aptitude musicale, dans ce cas, n'est pas fractionnée ou atténuée pour chacun des enfants, mais l'un a l'oreille juste, l'autre ne l'a pas. Or l'impression causée par les sons est physique, mais la relation entre les sons et la mesure du temps est plutôt du domaine intellectuel. C'est un de ces phénomènes mixtes, parmi lesquels on peut ranger la faculté du calcul, qui parait tenir en partie à certaine disposition du cerveau et qui, en tout cas, semble héréditaire dans certaines familles, comme l'appréciation des temps qui est la base de la musique. On comprend comment cette facilité à saisir rapidement et à manier, pour les comparer ou les combiner, des valeurs numériques on algébriques, est indispensable aux opérations du mathématicien. Or, on remarque cette faculté de calcul comme un bien propre, une singularité dans certaines familles, parmi lesquelles pourra s'élever un jour un mathématicien illustre.

Ces conditions ne sont pas l'essence du génie, mais elles lui sont très utiles pour l'aider à se dégager, à se révéler. C'est comme l'alphabet du métier pour le compositeur, le mathématicien ou le peintre, et il n'est pas inutile que le métier soit devenu pour le grand homme futur une sorte d'instinct par l'exemple et les traditions de famille. Voilà ce qui explique pourquoi il arrive que les grands peintres, les grands mathématiciens, les grands musiciens se produisent souvent dans des familles où la pratique de ces arts et de ces sciences est familière. La même aptitude peut être partagée par plusieurs membres de la même famille, qui resteront à un rang secondaire, quand un seul s'élèvera au-dessus de tous. C'est l'aptitude qui est héréditaire, ce n'est pas le génie, et c'est ce que M. Galton a constamment confondu dans ses nomenclatures. Si elles prouvent quelque chose, c'est uniquement l'utilité d'un certain concours de circonstances heureuses, soit l'initiation par le père, l'apprentissage du dessin et de la peinture, transmis presque avec le langage, soit une initiation spéciale par la nature, la faculté du calcul et le sens de la musique, deux instruments qui sont à la disposition de tous les membres d'une famille, mais qui ne deviennent qu'entre les mains d'un seul les outils du génie.

Dans les autres ordres d'invention, par exemple dans la poésie et l'éloquence, rien ne s'oppose à ce que le génie se produise solitairement dans une famille qui ne semblait pas y être préparée. La culture préparatoire, l'aptitude spéciale y sont moins nécessaires ; il suffit que la langue nationale soit arrivée à un degré de clarté et de vigueur où elle peut porter la perfection. L'instrument vient ici s'adapter tout naturellement à la grande pensée qui le réclame, sans qu'il y ait besoin d'un apprentissage spécial, comme dans la peinture ou la musique. Parcourez les listes des grands écrivains et des grands poètes. Dans ces libres domaines de l'imagination et de la pensée pure on l'inspiration est affranchie du procédé, on rencontre très rarement au même foyer cette coïncidence d'aptitudes similaires qui a donné lieu, pour les peintres ou les musiciens, à l'illusion de l'hérédité du génie. Le plus souvent le grand écrivain éclot seul. Il semble apparaître, comme un phénomène inattendu, dans une succession de générations modestes, dont il vient tout d'un coup briser la trame uniforme. Il arrive bien quelquefois que des aptitudes analogues se trouvent dans sa famille ; mais c'est un événement sans portée et sans conséquences. Pierre Corneille a eu près de lui son frère Thomas, Racine son fils Louis, André Chénier son frère Marie-Joseph. Cela n'a pas d'autre importance que celle d'une coïncidence fortuite le plus souvent le génie politique et littéraire se révèle sans montrer à côté de lui des frères inférieurs et sans se rattacher à un état civil. Qu'il ait sa raison d'être, nous n'en doutons pas, mais elle nous échappe ; il faudrait la chercher, sinon dans ce domaine de l'Inconscient dont on a tant abusé, du moins, en termes plus modestes, dans ces facultés de l'esprit humain dont la mesure, comme la vraie nature et la dernière essence, demeure jusqu'ici insaisissable. Boasuet, Pascal, Molière, Voltaire, Jean-Jacques Rousseau, Byron, Goethe, tous, quoi qu'on fasse pour chercher quelques secrètes infiltrations qui doivent, à une certaine heure faire jaillir la source à cette hauteur, tous restent inexpliqués par l'hérédité. Ils sont les premiers et les derniers venus dans la famille qui les a produits, sans aucune transmission visible du don supérieur. Et si nous remontions dans l'histoire, en nous tenant aux temps modernes, Dante, Milton et Shakespeare ne sont-ils pas aussi de grands solitaires que n'expliquent suffisamment ni l'évolution organique, ni le milieu intellectuel, ni la génération ? Toutes ces conditions extérieures du génie qu'on a tant de fois déjà analysées et décrites, préparent l'événement et amorcent l'occasion ; il y manque le dernier trait, le don suprême qui décide de tout le reste et qui fait qu'au milieu de tant de têtes de la même famille ou de la même nation, également prédestinées par le même concours de circonstances, une seule ait été choisie et que sur cette tête, seule élue, le rayon ait brillé ; et l'on se demande toujours : Pourquoi sur cette tête et pas sur une autre ?

Non, jusqu'ici la grande inspiration dans la science, dans la poésie et dans l'art, n'a pas dit son secret, pas plus aux physiologistes qu'aux autres. Ces esprits souverains, précisément en ce qu'ils ont d'incommunicable, restent élevés et isolés au milieu du flot des générations qui les précède et qui les suit ; par ce côté supérieur de leur nature ils n'appartiennent pas à la nature. Ces hautes originalités d'intelligence qui dominent l'humanité n'ont pas un père et ne laissent pas de fils selon le sang. En dépit de M. Galton, ce qu'il y a de moins héréditaire au monde, c'est le génie. »

Pour ce qui est de l'hérédité mentale à un moindre degré, que nous représenterons, si l'on veut, par ces mots, le talent, la vocation, l'aptitude, M. de Candolle nous semble en avoir analysé exactement l'origine et les conditions. Il ne nie pas absolument l'hérédité dans l'éclosion des vocations, surtout des vocations scientifiques, qui sont l'objet spécial de son étude, mais il ne la proclame pas exclusive et décisive ; il ne croit pas, après mûr examen, à une hérédité particulière pour telle où telle science ; il n'admet qu'une transmission des facultés élémentaires dans un état d'harmonie et de vigueur qui constitue la bonne santé de l'esprit. Mais que deviendra ce précieux héritage ? Il peut être appliqué de plusieurs manières bien diverses. L'individu qui a reçu de ses parents une certaine dose et une combinaison heureuse d'attention, de mémoire, de jugement, de volonté, et qui représentera le mieux ainsi lés caractères de l'espèce humaine, ne sera pas condamné, par une sorte d'héritage fatal, à la spécialité d'un travail quelconque. Le plus souvent, c'est le choix réfléchi ou l'empire des circonstances qui détermine l'emploi de ces facultés, plutôt qu'une hérédité spéciale ; c'est le milieu et la famille qui en décident l'essor ; c'est l'application énergique de la volonté qui en fixe le succès. Il faut sans doute réserver le cas d'un goût déterminé pour telle carrière, ou d'une vocation irrésistible qui s'impose au jeune homme entrant dans la vie ; mais la preuve que ces goûts et ces vocations ne sont pas héréditaires, c'est qu'ils sont très souvent aux antipodes des habitudes paternelles et qu'ils diffèrent beaucoup entre deux frères ; ce sont souvent les produits d'une imagination active, sollicitée par certains attraits qu'elle s'est forgés à elle-même, ou des phénomènes de suggestion, par suite de quelque conversation ou de quelque lecture entraînante. Il reste donc une grande part aux circonstances et à la liberté dans l'emploi des facultés qu'on a reçues. « L'homme doué d'une forte dose de persévérance, d'attention, de jugement, sans beaucoup de déficit dans les autres facultés, sera jurisconsulte, historien, érudit, chimiste, géologue ou médecin, selon sa volonté déterminée par une foule de circonstances. Dans chacune de ces occupations, il avancera en raison de sa force, de son zèle et de la concentration de son énergie sur une seule spécialité. Je crois peu à la nécessité des vocations innées et impérieuses pour des objets spéciaux. Ce n'est pas, comme on voit, nier l'influence de l'hérédité, c'est la réduire à quelque chose de très général, compatible avec la liberté de l'individu, et pouvant fléchir ou se modifier suivant toutes les influences ultérieures, dont l'action augmente à mesure que l'enfant devient homme. » D'ailleurs même quand il semble que l'hérédité mentale s'accomplit, on remarquera qu'elle suit les grandes catégories de facultés plutôt que les facultés spéciales. Ainsi, rien de plus facile à trouver que deux frères, ou un père et un fils, célèbres l'un dans les sciences naturelles, l'autre dans les sciences historiques et sociales : les deux Humboldt ; Oersted et son frère, jurisconsulte ; Hugo de Mohl, botaniste, frère de Jules de Mohl, orientaliste ; Mme Necker, auteur de *l'Éducation progressive*, fille du géologue de Saussure ; Ampère, érudit et littérateur, fils du physicien. S'il y avait une hérédité spéciale, propre à chaque science, ces exemples seraient inexplicables ; ils sont tout naturels, au contraire, si l'on admet seulement une transmission de facultés générales, applicables à toutes les sciences dont les méthodes sont analogues.

La célébrité, qui est la pierre de touche de M. Galton, malgré le vague de l'interprétation que ce mot comporte, est moins héréditaire encore que la spécialité. Elle n'est jamais qu'une exception, déterminée par plusieurs causes réunies. Pour qu'un homme devienne célèbre, il ne suffit pas qu'il soit doué d'une grande capacité ; il lui faut encore des circonstances favorables. L'hérédité n'est pour rien dans tout cela, ou du moins elle n'a qu'une influence très accessoire. « Aussi est-ce un des préjugés les plus faux, quoique l'un des plus ordinaires, de croire, par exemple, que les descendants d'un habile capitaine peuvent conduire une armée mieux que d'autres, ou que le fils d'un mathématicien célèbre sera lui-même un grand mathématicien. A supposer, dans ces deux cas, une ressemblance du fils au père, plutôt qu'à la mère ou à d'autres ascendants, il y aurait seulement une probabilité, au moment de la naissance, pour le fils du grand capitaine, d'être un homme disposé à commander, et pour le fils du mathématicien d'être un homme disposé à calculer, ce qui peut faire du premier un bon piqueur ou un majordome distingué et du second un teneur de livres très exact. Pour s'élever au-dessus de la moyenne, bien d'autres choses sont nécessaires, qui dépendent d'autres facultés, héritées ou non, de l'éducation, des circonstances et surtout du caractère individuel. »

Parmi les circonstances favorables à l'impulsion de l'esprit, et particulièrement de l'esprit scientifique, qu'il est possible d'observer de plus près, se place la curiosité. M. de Candolle a raison d'y voir le principe de toutes les découvertes, pourvu qu'on entende par ce mot la curiosité des choses réelles et vraies, non celle des fictions. C'est le rôle du père de famille, le premier éducateur, d'exciter cette curiosité quand elle est inactive et molle, de la réprimer et de la diriger quand elle est trop énergique et turbulente. Mais il ne faut pas se plaindre de cet excès, tout en le surveillant. C'est l'éveil même de l'esprit scientifique. Et qui ne sent que le chef de famille, plus encore que l'instituteur, tient là dans sa main le grand ressort moteur de l'activité intellectuelle et une partie de l'avenir de l'enfant futur ? L'école physiologique dédaigne bien injustement ces moyens, qui ne semblent médiocres qu'à l'esprit de système. L'expérience, qui nous découvre la réalité sans se soucier des théories, abonde en renseignements curieux sur l'incroyable fécondité de ces suggestions par la conversation, par l'exemple, sur la portée d'un mot, d'une observation, d'un procédé ingénieux employé pour chercher la vérité et qui peut déterminer chez un enfant, chez un jeune homme une série de recherches analogues et, mieux encore, le désir de chercher. Si l'illustre Faraday, à l'âge de treize ans, apprenti chez un relieur, s'étant mis à lire au hasard quelques feuilles d'un modeste petit livre élémentaire sur la chimie, sent s'éveiller tout d'un coup son génie latent, s'empresse de vérifier les expériences indiquées sur la congélation, la dilatation, s'enchante déjà des perspectives qui s'ouvrent devant son esprit et jouit profondément du sens de la méthode qui se découvre à lui, que doivent être pour les vocations du même ordre l'influence des familles scientifiques où elles éclosent, ces habitudes de travail et de libre recherche, cet exercice permanent de la curiosité virile et de la sagacité féconde, qui deviennent comme l'exemple et la leçon de chaque jour ? — On nous dit que l'éducation n'a pas une influence absolue ; cela est vrai : l'éducation ne crée pas une intelligence supérieure là où elle n'existe pas ; elle n'est pas une puissance créatrice, mais elle est au plus haut degré un pouvoir excitateur et révélateur ; elle va chercher souvent au fond d'une inertie apparente des germes endormis ; elle les agite par une sorte de fermentation, elle les féconde, elle prépare par eux des moissons qu'auraient couvertes éternellement sans elle, sans son appel à la vie, un silence de mort et la stérilité. — On dit que l'éducation n'a d'action que sur les natures moyennes. Sans doute, elle fait donner aux natures médiocres tout ce qu'elles peuvent fournir, tout, excepté la grande capacité. Mais pour les natures supérieures, sans les créer, elle les révèle. Combien d'entre elles, découragées avant d'avoir essayé leurs forces, vaincues d'avance, sans cette sollicitation énergique à la lumière, seraient restées éternellement obscures à elles-mêmes et aux autres !

Évidemment cela ne réussit qu'à la condition que se crée en même temps et se développe la volonté d'agir, de se montrer ou d'être utile. L'indifférence, la paresse de corps ou d'esprit, une certaine mollesse, la fatigue de la lutte, peuvent arrêter des hommes très capables, qui brilleraient sans cela au premier rang. C'est une chose remarquable que, dans chaque spécialité intellectuelle, certaines conditions morales soient nécessaires. Du désordre dans les notes, une simple négligence matérielle dans l'économie des moyens et du temps, une certaine irrégularité, une extrême inexactitude dans les heures ou la disposition de s'occuper de trop de choses différentes, arrêtent quelquefois l'essor d'un homme qui aurait pu devenir célèbre. Inversement, il ne manque pas d'exemples d'après lesquels un individu doué de talents médiocres, mais qui veut et sait les employer, arrive à une réputation méritée. Tout cela est la vérité même observée sans prévention, la vue des choses et des hommes tels qu'ils sont ; tout cela sans grande prétention, et dans le tonde l'expérience de chaque jour, c'est la réalité même, la vie consultée dans ses puissances ou ses faiblesses, l'esprit examiné dans ses ressources et ses facultés et chez qui ni le talent ni la célébrité ne se produisent comme une grâce héréditaire, comme la jouissance gratuite des dons accumulés et transmis dans le cours des générations. L'hérédité prépare les facultés et l'aptitude au talent, mais d'une manière très générale, incomplète et vague. Il s'agit de conquérir et de mériter le reste par le double effort de l'éducation ; qui est déjà la volonté excitée et dirigée, et de la personnalité, qui achève par son action propre l'action d'autrui commencée sur elle-même.

Nous voilà loin assurément de L'école biologique, qui goûte médiocrement ce langage et encore moins les idées dont il est le signe. Éducation, exemple, influences morales, suggestions diverses, contrariant la nature, tout cela nous écarte beaucoup des causes et. des lois qui règlent l'organisme. Mais l'école ne se tient pas, pour battue. Non-seulement elle repousse *a priori*, avec un dédain aussi peu dissimulé que peu justifié, ce genre d'explications, qui lui paraissent superficielles, mais elle a entrepris de prouver qu'il n'y a pas même, à proprement parler, de dérogations à la loi de l'hérédité et que les exceptions ne sont qu'apparentes ; en effet, nous dit-on, elles représentent encore la loi dérangée dans ses conditions normales ou déguisée sous certaines circonstances accessoires, mais toujours présente même dans ses troubles et ses métamorphoses, en cela d'ailleurs conforme aux lois physiologiques qui, suspendues ou dérangées dans leur action, n'en restent pas moins des lois. Une loi qui agirait en l'absence de : ses conditions normales serait un monstre dans la nature et ne serait plus une loi.

Voici donc comment on essaie d'expliquer le nombre prodigieux des faits qui échappent à l'hérédité. La première raison, c'est la diversité et la complication des lois qui la régissent. Pour ne citer que les principales, c'est d'abord *l'hérédité directe ou immédiate*, qui, si elle pouvait jamais se réaliser complètement, représenterait, comme le dit le docteur Lucas, « l'équilibre absolu des ressemblances intégrales du père et de la mère dans la nature physique et morale de l'enfant. » Mais ce cas est très rare, presque improuvable. C'est ensuite la *loi de prépondérance dans la transmission des caractères*, d'après laquelle l'un des parents peut avoir une supériorité d'influence sur la constitution mentale de l'enfant. C'est encore *l'hérédité en retour ou médiate (l'atavisme)*, d'après laquelle les descendants héritent souvent de qualités physiques et mentales propres à leurs ancêtres et leur ressemblent sans ressembler à leurs propres parents.

Dans ces deux derniers cas, comme dans le premier, c'est l'hérédité qui agit incontestablement ;

seulement ici elle se déguise et il n'est pas toujours facile, de la retrouver. En effet, tout ne se passe pas avec la simplicité idéale qui donnerait comme résultat une moyenne entre les deux parents : il peut y avoir prépondérance soit du père, soit de la mère à tous les degrés possibles. De plus, les parents peuvent transmettre à leurs enfants des qualités ancestrales qui sont restées en eux à l'état latent. L'expérience des éleveurs fixe à huit ou dix générations le temps nécessaire pour éliminer les chances de retour. Or dix générations, c'est-à-dire pour l'homme trois siècles, représentent deux mille quarante-huit générateurs dont l'influence plus ou moins marquée est possible. Il y a donc des exceptions qui dérivent de l'hérédité même. Il en est d'autres qui ne dérivent pas de l'hérédité, mais qui la modifient d'une manière normale, de telle sorte que les perturbations qu'elles produisent ne sont, elles aussi, des irrégularités qu'en apparence. Des causes très importantes agissent depuis le moment de la conception jusqu'à la naissance. On ne peut guère douter que certaines dispositions de l'enfant dépendent de l'état actuel et momentané des parents à l'instant de la procréation. L'influence de l'ivresse, par exemple, a été souvent constatée. Des observations nombreuses ont montré que l'enfant engendré dans un accès de délire toxique, même transitoire, peut être épileptique, aliéné, obtus, idiot. — Il y a une influence du moment qui peut imprimer à l'enfant futur la trace d'états plus transitoires encore, comme les passions et les affections morales. « Un des enfants adultérins de

Louis XIV, conçu dans une crise de larmes et de remords de Mme de Montespan, que les cérémonies du jubilé avaient provoquée, garda toute sa vie un caractère qui le fit nommer des courtisans *l'enfant du jubilé.* » Il faut tenir compte aussi du développement du germe dans le sein de la mère. *L'Histoire des anomalies* d'Isidore Geoffroy Saint-Hilaire est pleine de faits curieux qui prouvent que les déviations du type peuvent être amenées par les causes les plus légères dans une des périodes de la vie embryonnaire. — Enfin reste la part à faire à ces lois si délicates, d'une observation si difficile, qu'on appelle *loi de balancement organique*, ou de *compensation de développement*, ou d'*adaptation corrélative*, qui s'applique même en psychologie et qui consiste en ce qu'une faculté mentale (comme dans l'ordre physiologique un système d'organes) se développe aux dépens des autres. « Très souvent, paraît-il, à un père très intelligent, ayant mené une vie trop laborieuse, succède un fils de facultés débiles, de forces mentales en quelque sorte épuisées, de même que des enfants très peu sensuels naissent parfois de parents très débauchés ; il semblait que les parents eussent transmis non l'ardeur sensuelle elle-même, mais l'atonie qui succède aux excès prolongés. Il se fait ainsi toute sorte de compensations. Un père ayant beaucoup de santé et d'intelligence donne-t-il naissance à un fils plus intelligent que lui, il y a tout à parier que la santé du fils ne sera pas aussi forte que celle du père. » De toutes ces causes, combinées entre elles, résulte que l'hérédité, tout en étant la loi, est toujours dans l'exception apparente, la totalité des caractères ne s'héritant jamais. Mais cette exception elle-même n'est, dit-on, qu'un accomplissement plus profond de la loi ; ses perturbations prouvent en sa faveur. Une connaissance plus exacte des causes nous montre l'hérédité là même où nous n'avions vu d'abord que des bizarreries et un jeu de la nature. Quand nous croyons que la loi se dément, c'est qu'elle obéit à des nécessités secrètes d'événements que nous n'apercevons pas, de contacts et de secousses qui nous échappent et qui se produisent à l'intérieur de la machine. La machine est très compliquée ; elle dépend de mille rouages dont l'action cachée produit parfois des effets prodigieux. Mais c'est toujours le même mécanisme et toujours la même loi du mouvement. La pathologie n'étant au fond qu'un dérangement normal de la physiologie, les exceptions à la loi de l'hérédité ne sont que la loi troublée et qui, dès lors, ne peut plus donner ses effets ordinaires.

Tel est le cadre des explications dans lequel rentrent tous les faits en apparence contraires à la loi de l'hérédité. On voit dans quelle forte situation s'établissent les apologistes systématiques de cette loi. Ce n'est pas chose aisée que de les y poursuivre et de les en déloger. Comment leur prouver qu'un de ces cas d'exception, si nombreux et si compliqués, ne s'est pas produit justement pour expliquer un fait inexplicable en apparence ? Tel fait est en contradiction avec la loi d'hérédité. Mais avec laquelle ? Est-ce avec la loi d'hérédité directe ou immédiate ? Cela importe peu ; si le fait reproduit une prépondérance marquée du père ou de la mère, et cela à tous les degrés possibles, l'hérédité est justifiée. — Non pas, dirons-nous ; ce fait, bien examiné, n'est imputable ni à l'influence du père ni à celle de la mère. — Soit, mais pouvez-vous prouver qu'il n'y a pas là un cas curieux de retour, un fait d'atavisme ? Et l'atavisme, c'est encore l'hérédité. — Nous entrons ici dans l'indémontrable : car il est impossible de connaître toutes les qualités ancestrales qui ont été en jeu à travers deux ou trois siècles et dix générations. Et puis, si cela ne suffit pas encore, rien n'empêche d'imaginer des dispositions momentanées qui auront pu influer sur la conception et la vie embryonnaire de l'enfant jusqu'à sa naissance. Et, comme dernière explication, ne reste-t-il pas la ressource de l'adaptation corrélative et de la compensation de développement qui dérange les résultats prévus dans les individus, mais rétablit l'exactitude des comptes dans l'espèce ? — Il est impossible de nier expérimentalement qu'un de ces cas d'exception ne se soit pas produit dans l'histoire physiologique ou psychologique de l'enfant ; la loi de l'hérédité sort donc victorieuse de toutes les épreuves qu'on lui fait subir. Pas si victorieuse pourtant qu'on pourrait le croire. Ce qui fait sa force apparente fait aussi sa faiblesse. On ne peut pas prouver jusqu'au bout contre elle, mais elle ne peut pas non plus démontrer au-delà d'un certain point. Des deux côtés, on en est réduit à des affirmations ou à des dénégations qui se valent dans le néant de toute preuve positive. Pour une quantité considérable de cas qui restent en dehors de l'hérédité visible, les partisans absolus de cette loi sont obligés de se réfugier dans la dialectique commode et illimitée des *probablement* et des *peut-être*, ou, ce qui est plus grave, des assurément sans preuve. « *Assurément*, il a dû se passer quelque chose dans la vie embryonnaire de l'enfant, qui a dérangé les lois normales et faussé en apparence l'hérédité en troublant les conditions selon lesquelles elle devait s'accomplir. » C'est, en dernière analyse, à des arguments de ce genre que l'école biologique a recours en beaucoup cas, et raisonner ainsi, c'est avouer son impuissance, c'est reconnaître qu'on n'a plus des faits positifs à sa disposition, mais seulement des possibilités indéfinies, c'est-à-dire de simples conjectures.

En face de pareils raisonnements qui représentent les expédients d'une école dans l'embarras, se dresse cette réalité, éclatante d'évidence, celle dont nous avons suivi la trace toujours visible dans le cours de cette étude, celle qu'on s'obstine en vain à écarter, l'individualité psychologique et morale. Il n'est cependant pas facile de s'en passer, et c'est soutenir une gageure impossible contre l'expérience que de vouloir nier qu'il y ait dans tous les êtres vivants, et spécialement dans l'homme que nous considérons, un principe contraire à l'hérédité, un élément puissant de diversité, une force autonome et spontanée, qui modifie profondément les lois qu'elle rencontre autour d'elle et réagit contre les causes distinctes ou opposées. Sans revenir sur les faits que nous avons analysés et dans lesquels nous avons rencontré si souvent l'empreinte indélébile d'une individualité réfractaire, — comme ces profondes divergences d'aptitudes psychologiques qui se manifestent dans les mêmes familles, ces apparitions soudaines d'un grand homme au milieu de générations obscures ou ces chutes non moins soudaines d'une race illustre dans d'irrémédiables décadences, ne doit-on pas tenir compte de ces faits si curieux que les naturalistes ont relevés, des jumeaux par exemple, qui à coup sûr ont parcouru les mêmes phases et subi les mêmes accidents de l'instant de la conception à celui de la naissance et chez lesquels se présentent parfois de si étonnants contrastes de goût, de penchants et d'idées ? Que dire des deux jumelles de Presbourg, Ritta et Christina, qu'un accident de la nature avait réunies par l'extrémité postérieure du thorax et qui différaient si complètement de caractère qu'on était obligé de les surveiller sans relâche pour empêcher des querelles et des violences ?

C'est surtout dans l'ordre des phénomènes actifs que se marque ce principe d'individualité antagoniste, contraire à l'hérédité, toujours en lutte avec elle et souvent victorieux : c'est au moment où il s'éclaire par la raison et devient la personnalité, où il produit le développement libre de nos énergies, la pleine possession de nos facultés, leur direction énergique et soutenue vers un but déterminé, choisi par l'homme, voulu par lui, imposé de vive force au cours contraire de la nature, aux obstacles suscités par les circonstances ou aux résistances sociales. La forme rare et extraordinaire de ce pouvoir est celle qu'il prend dans des grands hommes qui ont marqué leur empreinte dans l'histoire, qui se sont emparés du cours naturel des choses et l'ont modelé à leur ressemblance. C'est le génie d'action, le génie des César, des Cromwell, des Richelieu, des Napoléon, de tous les fondateurs d'empires ou de républiques, de tous ces dominateurs d'hommes qui ont plié les événements à leur volonté, comme l'herbe qui plie sous le pied du voyageur. Et ce n'est pas seulement à ces hauteurs qu'on peut voir se manifester cette puissance ; elle se révèle avec moins d'éclat, mais autant de force, dans l'action incessante de l'homme sur lui-même dès qu'il parvient à se soustraire aux influences du dehors et aux fatalités non moins impérieuses qu'il porte en lui-même : soit la science, qui est le prix d'une conquête de l'attention, d'un despotisme intelligent de la volonté concentrée sur un objet, le résultat de la poursuite obstinée d'une fin que l'esprit s'est assignée ; soit la vertu, qui, elle aussi, est une conquête, mais d'un autre ordre, la conquête de la pureté et de l'énergie de la conscience sur les tentations inférieures de l'égoïsme ; soit enfin l'héroïsme, qui est la volonté exaltée jusqu'au sacrifice. La tâche de la science, celles de la vertu et de l'héroïsme, sont des tâches essentiellement individuelles ; à chacun de les accomplir tout entières pour son propre compte et par ses seules forces. Le savant, l'homme vertueux, le héros, produisent seuls leur œuvre ; ils l'emportent tout entière dans la tombe ; ils ne l'ont pas reçue comme un patrimoine, ils ne la transmettent pas comme un héritage. Si leurs fils les imitent, pour recommencer la même œuvre ils devront faire le même effort. Mais faut-il vraiment autant que cela pour montrer la personnalité en acte ? Un seul trait suffit, une rupture d'habitude, l'affranchissement d'un instinct, un acte libre, c'est assez pour montrer que l'homme a en soi le pouvoir de placer son initiative souveraine dans l'enchaînement des cas similaires et pour briser la trame de l'hérédité. Ce principe d'individualité contrarie visiblement les partisans absolus de l'hérédité. Mais l'hérédité a des partisans, plus dociles aux faits, qui ne résistent pas à l'évidence : tel le docteur Lucas, qui a senti profondément la difficulté et s'est efforcé de la résoudre. Il croit y réussir en imaginant tout simplement deux lois qui se balancent dans le jeu des forces vitales : l'une est la loi d'*innéité*, par laquelle la nature crée et invente sans cesse. ; l'autre est la loi d'*hérédité*, par laquelle la nature s'imite et se répète continuellement. La première est le principe du *divers* ; la seconde est le principe du *semblable*. Si l'une existait seule, il n'y aurait dans le mode de la vie que des différences infinies en qualité et en quantité ; si l'autre existait seule, il n'y aurait que des ressemblances absolues et une trame uniforme de la vie. Mais, pris ensemble, ces deux principes expliquent comment tous les êtres vivants de la même espèce peuvent être à la fois semblables entre eux par leurs caractères spécifiques et différents entre eux par leurs caractères individuels. C'est en ces termes que M. Ribot résume la théorie du docteur Lucas, qu'il repousse d'ailleurs et non sans vivacité. M. Littré, plus indulgent, l'interprète dans son vrai sens et la reprend à son compte. « En toute transmission de la vie, dit-il, le nouvel habitant du monde apporte une part individuelle (ce que M. Lucas nomme *innéité*) et une part héréditaire qui provient des deux auteurs. Avec beaucoup de sagacité, M. Lucas a démêlé ce double principe, ou, en d'autres termes, ce double fait primordial… C'est l'innéité qui produit dans toutes les familles les hommes de génie, les aptitudes spéciales, les dispositions prédéterminées ; et c'est l'hérédité qui assigne aux races leurs caractères, aux castes leurs mœurs, aux générations des phases historiques et leurs tendances séculaires. » M. Littré porte le principe de l'individualité à ses dernières limites quand il dit : « C'est l'innéité qui, dans la culture des plantes et dans l'élève des animaux, produit les variétés ; et c'est l'hérédité qui, lorsqu'elles en valent la peine, les conserve et les perpétue. »

La psychologie naturaliste, chez plusieurs de ses représentants les plus récents, ne refuse pas d'admettre dans l'homme une spontanéité propre ; dans un très curieux travail sur le développement du pouvoir volontaire, M. Bain en cherche le germe dans cette activité spontanée qui a son siège dans les centres nerveux, qui agit sans aucune impression du dehors, sans aucun sentiment antérieur, quel qu'il soit. M. Wundt, d'une façon plus explicite encore, démêle les causes *intérieures*, qu'il oppose aux causes *extérieures* de l'activité volontaire, et qui forment ce qu'il appelle le *facteur personnel (persoenliche Faktor*). Ce facteur personnel qui vient se mêler à la chaîne des effets et des causes, est l'*essence interne* de l'homme, le *caractère*. Le caractère est, selon lui, la *seule cause immédiate* de l'activité volontaire. Dans ce qu'elle a d'intime, elle doit toujours rester une énigme ; elle est l'indéterminable *Ding an sich* de Kant. « Quand on dit que le caractère de l'homme est un produit de l'air et de la lumière, de l'éducation et de la destinée, de la nourriture et du climat, qu'il est prédestiné par ces influences comme tout phénomène naturel, c'est là une conclusion complètement indémontrable. L'éducation et la destinée impliquent déjà un caractère qui les détermine : on prend ici pour effet ce qui est déjà en partie cause. Mais les faits d'hérédité rendent vraisemblable au plus haut degré que, si nous étions en état de remonter jusqu'au point initial de la vie individuelle, nous rencontrerions là un germe de personnalité indépendant (*selbständiger*) qui ne peut être déterminé du dehors, vu qu'il précède toute détermination. » En citant cette page curieuse, M. Ribot déclarait y donner son adhésion dans la première édition de son livre. Pourquoi n'a-t-il pas maintenu ce passage et son acquiescement à la doctrine qu'il contient ? M. Ribot semblait alors sur le point de nous faire la concession suprême d'un *facteur personnel*. Cependant déjà la logique de son idée fixe l'arrêtait ; il y avait lutte, hésitation. Dans l'intervalle de ces dernières années, il est retombé dans le déterminisme, qui ne lâche passa proie. La dialectique du système l'a replongé tout entier dans la force fatale et impersonnelle.

Recueillons au profit de la vérité, supérieure aux doctrines, les précieux aveux du docteur Lucas, de Littré, de Bain et de Wundt. Aucun de ces savants ne s'est refusé à reconnaître ce *fait-principe*, caché au fond de notre vie intellectuelle et morale, peut-être même de notre vie physiologique, un *primum movens* quelconque qui échappe au déterminisme, ce germe d'individualité qui ne peut être déterminé du dehors, vu qu'il précède toute détermination extérieure, la conditionne et la modifie. Les seules objections qu'on ait élevées contre ce principe, c'est qu'on ne peut l'expliquer par les lois connues, ni le comprendre dans la série des causes naturelles. Quoi d'étonnant, si cette cause elle-même n'est pas d'ordre physiologique ? Et puis, est-il d'un bon esprit de nier une réalité parce qu'on n'en comprend pas l'origine ? Mais alors niez la vie, puisque la génération spontanée est impuissante à l'expliquer. De quelque façon qu'il se produise, un principe dynamique existe ; appelez-le *monade*, ou *âme*, ou *force* ; pourvu que vous reconnaissiez que cette force est une force autonome et distincte, peu importe le nom. Cette force qui fait, au plus bas degré, l'individualité de l'être vivant, au plus haut, la personnalité de l'être raisonnable, elle s'impose à vous. Expérimentalement, vous ne pouvez pas la contester. La seule raison qui vous pousse à le faire, c'est une raison métaphysique. Mais cela n'est pas assez pour nous persuader. Vous dites souvent, et avec raison, qu'une conviction ou une espérance métaphysique ne suffit pas à prouver une réalité. Soit. Mais consentez de même à ce qu'une difficulté d'ordre métaphysique ne prescrive pas contre un fait. Vous vous épuisez en vains efforts pour ramener cette force autonome à n'être qu'une forme déguisée de l'hérédité. Sans en nier directement l'existence, vous en transformez la nature. Vous n'y réussirez pas. Car s'il y a dans l'homme un pouvoir personnel, c'est précisément quelque chose qui se crée et se renouvelle sans cesse, en contradiction avec les éléments donnés ; c'est quelque chose qui rompt la trame des phénomènes mécaniques pour y insérer un acte ou une série d'actes nouveaux, non contenus dans les phénomènes. La question n'est pas de savoir si l'apparition d'une telle force dérange les cadres d'une théorie ; la question est de savoir si telle chose existe. Tant pis pour les théories qui ne s'accommodent pas avec la réalité.

Nous pouvons maintenant conclure, à ce qu'il semble, et ramener en quelques traits, sous les yeux du lecteur, les résultats de cette étude. L'hérédité psychologique existe assurément ; elle existe comme prolongement ou retentissement de l'hérédité physiologique, dont les influences pénètrent au dedans de nous et enveloppent même notre être intellectuel et moral. — Mais dans quelle mesure se manifeste son influence ?

En faisant de l'hérédité psychologique quelque chose d'uniforme et d'absolu, on l'a faussée. Elle existe, mais à différents degrés. Elle est plus sensiblement vérifiable dans les ensembles, dans les races, que dans les individus ; elle s'y révèle en traits bien plus fortement marqués, parce que, dans les peuples et dans les races, l'élément individuel tend à s'effacer de plus en plus pour laisser reparaître la nature, c'est-à-dire l'espèce. Elle se montre particulièrement dans les cas de psychologie morbide, parce que les faits de ce genre sont des cas dérivés, dans lesquels l'individu retombe sous la domination presque exclusive des influences physiologiques. Elle se montre plus agissante à mesure que les phénomènes sont plus voisins de l'organisme, elle devient moins active à mesure que l'on gravit l'échelle des phénomènes humains : très forte dans les actes réflexes, les cas de cérébration inconsciente, les impressions, les instincts ; décroissante et de plus en plus vague dans les phénomènes de sensibilité supérieure et de pensée ; nulle dans les manifestations les plus hautes, celles de la raison et de la moralité, le génie, l'héroïsme, la vertu. Enfin, chez les individus eux-mêmes, elle ne s'offre pas avec des caractères identiques ; elle mesure exactement son empire sur le degré de force et de personnalité de chacun de nous, gouvernant tyranniquement les uns, ne touchant que légèrement les autres, abdiquant devant les résistances décidées.

De tout cela ne résulte-t-il pas un enseignement certain et comme une démonstration éclatante ? La loi d'hérédité s'atténue ou s'aggrave, selon que l'on s'élève ou que l'on s'abaisse dans la hiérarchie des facultés et des êtres. On peut suivre ainsi à la trace l'action et la réaction du pouvoir personnel en lutte avec cette loi qu'il modifie, qu'il suspend ou qu'il supprime. C'est, en d'autres termes, la lutte éternelle de l'espèce et de l'individu, ou, en des termes plus généraux encore, l'antithèse de la nature et de l'homme. Non pas que la nature soit jamais détruite dans l'homme ; mais il dépend de nous d'en restreindre l'empire et de convertir dans une certaine mesure la fatalité en liberté. Oui, sans doute, le déterminisme a sa part jusque dans le monde moral, mais quelle part ? Les esprits absolus et sans nuance préfèrent les grosses solutions, les solutions absolues comme eux. La vérité est plus difficile à démêler. Jusqu'au centre de l'esprit nous retrouvons des éléments de l'universelle nécessité. L'hérédité pénètre dans notre for intérieur ; là elle rencontre le pouvoir personnel qui entre en lutte, qu'elle domine ou qui la domine ; c'est le problème moral qui commence. L'hérédité fournit les éléments et les matériaux de notre liberté future, c'est sur eux qu'elle doit s'établir ; ces éléments sont la matière à laquelle elle imprimera sa forme. C'est précisément l'œuvre et le signe de notre personnalité de façonner à son image toutes ces influences variées qu'elle rencontre autour de son pouvoir naissant, de les transformer et de s'en dégager en se créant sans cesse elle-même et se développant par son libre effort.

Il reste à poursuivre dans leurs principaux effets les combinaisons variées de ces deux principes également irrécusables, l'hérédité et la personnalité ; nous verrons comment leur mélangé continuel et leur jeu réciproque rendent compte, par des conséquences inattendues et simples, des plus grands phénomènes de la vie individuelle et sociale.

Deuxième partie

Les conséquences de l'hérédité :
Les lois de formation du caractère, l'institution des classes, les causes morales du progrès et de la décadence.

Nous avons examiné, dans une étude précédente, ce qu'on nomme l'hérédité psychologique; nous avons essayé de montrer que l'action de l'hérédité, très sensible dans les phénomènes organiques et dans les phénomènes mixtes, s'efface et s'atténue à mesure que l'on s'élève dans la hiérarchie des facultés et tend à disparaître quand on arrive aux fonctions caractéristiques de l'homme, la pensée pure, l'art, la moralité. Dès les commencements les plus obscurs de l'existence, l'hérédité rencontre à côté d'elle, au-dessus d'elle, un principe antagoniste, le principe qui fait, à son plus bas degré, l'individualité de l'être vivant, à son plus haut degré, la personnalité de l'être raisonnable. Il est impossible de rien comprendre au monde réel et vivant si l'on ne tient pas compte de ces deux forces en présence dans la bataille de la vie, sur l'humble terrain de l'existence individuelle comme sur le théâtre élargi où se joue le grand jeu de l'histoire. Ces conclusions, prises dans la réalité, rencontrent cependant des résistances qui ne désarment pas. L'hérédité, nous dit-on, est l'explication suprême, la dernière raison de tout. Elle est l'ouvrière unique de l'intelligence de l'homme, de son caractère et de son histoire ; c'est elle qui explique l'origine de la pensée et toutes ses formes, la moralité et toutes ses lois ; elle encore qui a fondé l'organisme social en distribuant dans des cadres nécessaires les aptitudes, les capacités et les forces, elle toujours qui crée la civilisation avec ses attributs essentiels, la solidarité, la continuité, le progrès ; c'est grâce à elle et à elle seule que se forme peu à peu le capital intellectuel ou social d'une nation, et qu'il se transmet fidèlement comme le patrimoine d'une famille unique qui ne meurt jamais et reste toujours ainsi l'héritière d'elle-même à travers les siècles, assurée d'une fortune sans limite et d'une prospérité sans trêve.

Nous voudrions faire la part de ces illusions et remettre en lumière dans tous les phénomènes de la vie individuelle et sociale l'action de la personnalité humaine, sans laquelle l'hérédité ne pourrait ni produire sûrement ses plus heureux effets ni les transmettre impunément. Inexplicables par une seule de ces causes et par un ressort unique, ces grandes fonctions de la vie et de l'histoire s'expliquent aisément par le jeu combiné des deux forces, et c'est aussi de cette combinaison, selon qu'elle avorte ou qu'elle réussit, que se déduisent les lois principales qui décident du progrès ou du déclin dans les choses humaines.

I

Quand on lit les récents ouvrages de la psychologie nouvelle où disparait à tout jamais la personne humaine, engloutie dans le grand fleuve où chaque individu n'est qu'un flot qui passe, sans existence réelle et presque sans nom, on est saisi d'une sorte d'effroi, et l'on est tenté de répéter le cri de désespoir que jetait Michelet vers la fin de sa vie, en présence de ces théories naissantes qui lui semblaient déposséder l'homme de lui-même et le livrer tout entier, en proie aux forces cosmiques : « Qu'on me rende mon *moi* ! » — En effet, au milieu de toutes ces influences qui pèsent sur chaque homme, les actions variées du milieu et du climat, celles du groupe social dont il fait partie, sous le coup de la pression qu'exercent sur nous les siècles passés, la suite de nos aïeux dont l'influence anonyme et secrète descend jusqu'à nous, la famille immédiate qui a pétri notre âme par la discipline bonne ou mauvaise des exemples et de l'éducation, l'opinion et les passions de nos compatriotes, les préjugés et les tyrannies du temps où nous vivons, quand tout semble ainsi concourir à faire de ce moi une résultante de circonstances accumulées et fatales, le miracle, c'est que l'individualité du caractère ou celle de l'intelligence puisse se maintenir. Comment et à quelles conditions peut se conserver dans le monde l'originalité morale et intellectuelle qui seule donne à la vie son intérêt et son prix ?

Mais avant tout, nous devrons écarter du débat les récentes théories de l'empirisme anglais qui ont poussé à leurs dernières limites les applications de l'hérédité. Selon MM. Herbert Spencer et Lewes, les formes de la pensée ne sont, comme les formes de la vie, que le dernier terme d'évolutions antérieures. L'erreur commune de Descartes et de Kant est d'avoir pris comme type d'étude l'esprit humain adulte, et considéré les conditions actuelles de la pensée comme des conditions initiales, des aptitudes innées, des préformations, Ce qui constitue l'intelligence, c'est l'expérience de la race, organisée et consolidée à travers un grand nombre de générations. L'idée de l'évolution est appliquée en toute rigueur à l'origine des idées ; le développement mental accompagne fidèlement le développement du système nerveux qui le produit et qui l'exprime. Les expériences individuelles ne fournissent que les matériaux concrets de la pensée. Le cerveau représente une infinité d'expériences reçues pendant l'évolution de la vie en général ; les plus uniformes et les plus fréquentes ont été successivement léguées, intérêt et capital, et elles ont ainsi monté lentement jusqu'à ce haut degré d'intelligence qui est latent dans le cerveau de l'enfant, et qu'il léguera à son tour, avec quelques faibles additions, aux générations futures. — Il en va de même pour la genèse des idées morales. Elles ne procèdent pas autrement que les formes de la pensée. Il n'y a pas un code de morale inné, ni en puissance ni en acte, dans l'entendement humain. Toutes les idées fondamentales moulées dans notre cerveau par l'expérience des siècles se sont créées successivement et transmises avec les modifications de la structure organique. Nul fait de conscience n'échappe à cette explication universelle : ni les sentiments, ni la volonté, ni le phénomène moral dans toutes ses délicatesses et sa complexité. Les vraies bases d'une théorie du bien devront être cherchées dans la biologie et la sociologie ; le seul bien que nous puissions concevoir, c'est l'équilibre définitif « des désirs internes de l'homme et de ses besoins externes, » en d'autres termes, l'harmonie entre la constitution organique de chacun et les conditions de l'existence sociale, qui est à la fois l'idéal moral et la limite vers laquelle nous marchons. La morale se constitue graduellement par les lois empiriques des-actions humaines, reconnues chez toutes les nations civilisées comme les conditions essentielles ? de leur existence et répondant le mieux à leur instinct de conservation. Ainsi se développent une à une les règles de conduite privée et publique, qui ne sont dans leur humble origine que des expériences généralisées d'hygiène sociale et d'utilité.

Donc plus de discussions vaines sur les axiomes de métaphysique, les principes régulateurs de la raison, les idées directrices de l'entendement, les principes de morale. Ni l'innéité de Descartes, ni celle de Leibniz, ni les lois formelles de Kant, ni la *table rase* de l'empirisme vulgaire, ni la sensation transformée n'ont raison les unes contre les autres, dans cette vieille querelle sur l'origine des idées. La question est renouvelée et ne se pose plus dans les mêmes termes, ou du moins les termes anciens n'ont plus le même sens. Il y a une innéité, mais actuelle, non d'origine, qui est le résultat de l'expérience collective des âges et comme le résidu des efforts de chaque homme et de chaque génération. C'est l'hérédité qui a tout fait ; elle a créé de toutes pièces l'homme intellectuel et moral, comme l'homme physique ; elle Ta tiré lentement, pas à pas, du *presque néant* où gisaient son misérable présent et son précaire avenir ; elle en a formé sa nature actuelle ; c'est de ce point obscur qu'elle a développé la trame de ses riches destinées.

Quelle que soit pour certains esprits la séduction d'une pareille hypothèse qui applique au règne de la pensée le même transformisme qu'au règne de la vie, et qui, d'un petit nombre d'actes psychiques très simples, peut-être d'un seul, l'acte réflexe, fait sortir la variété infinie des instincts, des intelligences, des sentiments et des passions, toute la raison, toute la conscience morale de l'humanité, M. Ribot lui-même, si hardi dans le sens des solutions simples, ne se reconnaît pas le droit d'accepter celle-ci dans les conditions où elle se présente. Elle ne lui semble ni vérifiable par l'expérience, ni suffisamment démontrée par la logique. — Discuter cette question sans bornes dans le temps et dans l'espace, nous ne l'essaierons même pas ; ce serait remuer jusque dans ses fondements la science de l'âme tout entière ; d'ailleurs elle se rapporte plutôt à l'hérédité spécifique qu'à l'hérédité individuelle ; elle a en vue d'expliquer la transmission des aptitudes et des fonctions générales dans l'espèce plutôt que la transmission des variétés individuelles, ce qui est notre sujet propre. Au vrai, c'est une thèse de métaphysique, car l'empirisme a sa métaphysique, quoiqu'il prétende le contraire ; c'est un de ces problèmes d'origine où, d'après l'école empirique, l'expérience seule pourrait décider en dernier ressort, et où, par le fait, l'expérience ne peut rien décider, puisqu'il lui est impossible d'y atteindre. Qu'il nous suffise de signaler en passant ces libres spéculations sans nous y arrêter. Il vaut mieux restreindre le terrain de la discussion à ce qui est plus directement observable, à ce qui relève de l'expérience individuelle et actuelle.

Prenons pour exemple les lois de la formation du caractère, qui est un des points de la psychologie où s'est porté le plus vivement l'effort des controverses actuelles.

A quoi se bornent les théoriciens de l'hérédité absolue dans l'explication qu'ils en donnent ? — Ils nous accordent que c'est le caractère qui constitue la marque propre de l'individu au sens psychologique et le différencie de tous les individus de son espèce. Ils nous accordent aussi que, dans les conflits de la vie morale, la raison dernière du choix est le caractère. Mais ils prétendent que, bien qu'il agisse en tant que cause, il n'est lui-même qu'un effet : c'est une simple résultante d'éléments où l'on chercherait en vain, à l'origine, quelque chose comme une libre énergie, comme la capacité d'un simple effort créant une initiative. Le caractère, selon eux, est un produit très complexe dont l'hérédité est la base, avec des circonstances physiologiques qui s'y joignent, mêlées à quelques influences d'éducation. Ce qui le constitue, ce sont bien plutôt des états affectifs, une manière propre de sentir qu'une activité intellectuelle et surtout volontaire. C'est cette manière générale de sentir, ce ton permanent de l'organisme qui est le premier et le véritable moteur de la personnalité. Or, comme ces éléments sont héréditaires, il n'est pas douteux que les caractères qui en résultent ne soient héréditaires eux-mêmes. Ce qui en explique l'infinie diversité, c'est la variété des associations qui peuvent se faire entre ces divers éléments affectifs et vitaux. Cette multiplicité de combinaisons possibles nous dispense d'avoir recours à quelque unité mystérieuse et transcendante. D'ailleurs, par une concession qui ressemble beaucoup à une ironie, on laisse aux métaphysiciens la liberté de rêver au-delà et d'admettre, s'il leur plaît, avec Kant, un caractère *intelligible* qui explique le caractère empirique. Mais on refuse de les suivre jusque-là et même on se soucie peu de comprendre ce que cela veut dire.

Ces explications sont-elles suffisantes ? Je ne le pense pas. Je n'y peux voir, pour mon compte, qu'une série d'assertions sans preuve. Il nous suffira d'opposer à cette théorie du caractère, expliqué uniquement par l'hérédité, celle qui résulte de l'étude des faits. Nous ne prétendons pas nier la part qui doit être réservée à la faculté de transmission, mais nous essaierons de la restreindre dans ses vraies limites. Croit-on que cette œuvre soit impossible ? Croit-on que l'on ne puisse vraiment pas démêler la double part que prennent l'hérédité et le principe d'individualité dans l'histoire d'un caractère humain, d'après l'observation la plus simple, en dehors de tout système préconçu, de tout parti-pris d'école ?

L'important est de bien distinguer les éléments multiples qui entrent dans la composition du caractère. — Une erreur fréquente est de le confondre avec le *tempérament*. Ce terme, dans son acception technique, exprime précisément le ton général de l'organisme auquel l'école biologique prétend réduire l'essentiel du caractère, et qui n'en est, selon nous, qu'un élément inférieur et subordonné ; il exprime le résultat de la prédominance d'action d'un organe ou d'un des systèmes qui constituent l'organisme. C'est là à peu près la définition de M. Littré, et tous les vrais écrivains ont d'instinct employé ce mot dans ce sens spécial et restreint. La Rochefoucauld a dit, non sans une certaine insolence d'idée, mais dans une très bonne langue : « La vanité, la honte et surtout le tempérament, font souvent la valeur des hommes et la vertu des femmes. » De même Mme de Sévigné, quand elle écrit : « Quelle journée ! Quelle amertume ! Quelle séparation ! Vous pleurâtes, ma très chère, et c'est une affaire pour vous ; ce n'est pas la même chose pour moi, c'est mon tempérament. » Le psychologue et naturaliste Bonnet a eu le sentiment très exact de ces nuances : « Chez les animaux, dit-il, le tempérament règle tout ; chez l'homme, la raison règle le tempérament, et le tempérament réglé facilite à son tour l'exercice de la raison. » — Kant, au contraire, est tombé dans une confusion regrettable quand il a classé les caractères en sanguins, nerveux, bilieux et lymphatiques ; il n'a fait ainsi que classer les tempéraments, c'est-à-dire les divers genres de constitution physique, résultant des influences de race et de naissance, des actions diverses et des causes qui ont contribué à former l'organisme. — Comme on l'a dit, le tempérament est la base physique et le mode d'expression du caractère, il n'est pas le caractère même. Croirait-on, par hasard, avoir défini des caractères, si l'on disait d'un homme que, dès le premier mot d'une discussion, le sang lui monte au visage, ou si l'on disait d'une femme qu'elle est nerveuse ? Resterait à savoir, après cela, ce qu'est cet homme, et ce qu'est cette femme, si cet homme est avare ou prodigue, s'il est fourbe ou loyal, si cette femme a un naturel aimable ou maussade ; car il y a bien des variétés dans la catégorie des nerveux et dans celle des sanguins ; ce sont là des désignations toutes de surface et qui ne disent pas grand'chose.

L'*humeur* n'est pas non plus le caractère. Ce mot désigne plus particulièrement une disposition du tempérament ou de l'esprit, mais d'ordinaire une disposition passagère, accidentelle. On est, selon les jours et les moments, de bonne ou de mauvaise humeur. L'humeur est essentiellement variable et fugitive, comme le remarque M. Lafaye, qui ajoute qu'on soutient son caractère, qu'on ne soutient pas son humeur, sans doute parce qu'elle dépend de quelque accident intérieur, de quelque état momentané de complexion ou de santé. C'est ce qui a fait dire à La Rochefoucauld que « les fous et les sottes gens ne voient que par leur humeur. » Ne craignons pas de consulter toujours sur ces nuances les bons écrivains. C'est précisément cela qui fait leur différence avec les médiocres ; il y a chez eux un tact, une intuition de fine psychologie qui peut guider la science dans ses observations, éclairer ses pressentiments. La Bruyère a bien raison : « Dire d'un homme colère, inégal, querelleur, chagrin, pointilleux, capricieux : c'est son humeur, ce n'est pas l'excuser, comme on le croit. » Et Jean-Jacques Rousseau oppose avec bonheur deux traits de sa physionomie dans ce contraste où il y a tout autre chose qu'une antithèse de mots : « Mes malheurs n'ont point altéré mon caractère, mais ils ont altéré mon humeur et y ont mis une inégalité dont mes amis ont encore moins à souffrir que moi. » Dans tous ces exemples se marque un sens psychologique très délicat et très fin.

Le *naturel* est le caractère naissant, la donnée première du caractère ; il lui donne sa base psychologique, si je puis dire, comme le tempérament lui donne sa base physique. C'est, selon M. Littré, la manière d'être morale, telle qu'on la tient de la nature. On ne peut mieux dire. La variété des naturels est inépuisable. Comment décrire toutes les diversités possibles de naturels, bons ou mauvais, honnêtes ou pervers, dociles ou réfractaires, laborieux ou indolents, généreux ou égoïstes ?

On peut cependant introduire un certain ordre dans cette multitude en apparence confuse, si l'on remarque qu'il y a pour certaines classes de naturels un signalement commun : par exemple, la prédominance des instincts et des désirs relatifs à la vie physique donnera le gourmand, le peureux, le paresseux, le libertin ; la transformation de ces instincts par la réflexion produira l'égoïste, l'avare ; la prédominance des sentiments bienveillants produira la *sympathie* activer la charité, l'amour de l'humanité ; la prédominance des émotions expliquera le sentimental, le passionné, le mélancolique ; la supériorité des facultés actives produira l'ambitieux, le politique, l'homme de guerre ; les aberrations de la volonté rendent compte des naturels obstinés, réfractaires, indociles la l'expérience de la vie comme à l'éducation ; le triomphe exclusif de l'élément intellectuel ou son mélange, à différentes doses, avec la sensibilité expliquera les hommes de raisonnement et d'observation, ou bien les artistes et les poètes. — Le naturel, tant qu'il n'est pas élaboré par le travail personnel de l'homme, a une force d'impulsion presque irrésistible qui a été de tout temps remarquée :

Le naturel toujours sort, et sait se montrer ;
Vainement on l'arrête, on le force à rentrer,
Il rompt tout, perce tout et trouve enfin passage.

C'est le cri de La Fontaine : « Tant le naturel a de force ! » C'est l'observation de Destouches, si connue, si souvent citée, avec des erreurs continuelles : d'attribution et d'origine :

Chassez le naturel, il revient au galop;

ou la maxime pédagogique de Bonnet : « C'est à bien connaître la force du naturel que consiste principalement le grand art de diriger l'homme. »

Le *naturel* est le premier trait psychologique de l'individu vivant ; il existe chez l'animal comme chez l'homme ; mais, chez l'homme, l'individualité monte plus haut et s'achève en devenant la personnalité par l'intervention de la volonté et de la raison. — Avant de montrer la part de l'homme dans la formation de son caractère, nous devons signaler un élément très important qui, sous mille formes, y intervient, je veux dire l'ensemble des influences extérieures, de toutes ces actions mêlées, le milieu ambiant, les coutumes, les institutions et les religions, les opinions régnantes, les mœurs de chaque génération ou de chaque peuple qui modifient ou transforment profondément cette donnée première du caractère futur. C'est là une cause inépuisable de variétés nouvelles que l'on peut à peine indiquer dans une rapide analyse. Qu'il nous suffise de rappeler combien le tour d'imagination ou la forme d'esprit, le cours mobile des passions, certaines épidémies morales peuvent introduire, à différentes époques, de changements apparents dans l'expression des naturels analogues ou même, au point de départ, identiques. Les mêmes types peuvent, selon les siècles, subir des transformations qui ne sont étonnantes qu'en apparence. Que de variétés historiques dans un seul type, par exemple celui de l'homme d'action, sans principe ni préjugé d'aucune sorte, aventurier au XVIe siècle, promenant sa rapière indifférente et mercenaire à travers les petites cours d'Italie, condottiere ou capitaine à gages, souteneur toujours prêt de toutes les causes qui le paient ; officier de fortune au XVIIe siècle, à travers les grandes guerres de l'Autriche, de la France et de la Prusse ; soldat discipliné sous le génie de Napoléon, rêvant d'un bâton de maréchal ou d'un trône à travers les champs de bataille de l'Europe ; plus tard spéculateur effréné attirant et jetant sans garantie le patrimoine de cent familles dans les luttes sans merci de la Bourse ; ou bien encore, politique sans scrupule, changeant à temps d'opinion et de parti, risquant son enjeu dans toutes les grandes parties qui se jouent au nom du peuple, espérant toujours que, dans cette mobilité vertigineuse des partis, la chance tournera aujourd'hui ou demain en faveur de la cause à laquelle il s'est momentanément engagé ! Au fond, n'est-ce pas toujours le même personnage qui se renouvelle selon les temps ? — Tel autre qui eût été volontiers au XIVe siècle un moine rêveur et doux, pacifié par une foi non discutée, sous une règle acceptée, écrivant au fond d'une cellule quelque traité sur *l'Internelle consolation*, ne vous étonnez pas si vous le retrouvez parmi nous, dans ce temps de critique universelle, transformé par l'esprit du siècle, savant de toute la science humaine, toujours doux et pacifique, mais s'efforçant de ne plus croire à l'invisible, le bénédictin du positivisme. — Imaginez maintenant le poète sensible du XVIIIe siècle, l'élève de J.-J. Rousseau, celui qui ne demandait qu'à toucher les cœurs, à verser quelques pleurs ou à en faire répandre, et pour qui l'émotion était une vertu suffisante, vous le retrouverez parmi nous, mais transfiguré par la mode (puisqu'il y en a une dans les idées) ; c'est quelque romancier, naturaliste à outrance, vivisecteur implacable, analyste impassible des infirmités humaines, ou quelque poète qui confondra le lyrisme avec l'épilepsie, en proie à je ne sais quel démon inconnu et que ses nerfs surexcités, non sans quelque artifice, secouent horriblement pour arriver à secouer les nôtres. La sensibilité de Jean-Jacques est devenue une névrose ; c'est dans l'air et dans l'esprit du temps. — Et l'égoïste, sous combien de déguisements il peut s'offrir à nous ? Il a pu être avare il y a deux siècles, à une époque où le crédit n'était pas inventé, où l'on enfouissait son timide million dans une cassette gardée à vue. Harpagon est devenu un spéculateur fastueux, versant les trésors de sa chère cassette à condition qu'ils lui rapportent au centuple, et tirant de gros intérêts de son apparente prodigalité. Rien ne serait plus piquant que de poursuivre les métamorphoses des mêmes personnages dans l'entraînement des idées ou des passions, dans le changement des mœurs, l'action et la réaction des types, qui modifient les milieux où ils se produisent, et des milieux, qui mettent sur des types, identiques au fond, leur empreinte perpétuellement mobile. C'est la comédie humaine, non pas celle de Balzac, qui s'est borné au XIXe siècle, mais celle de tous les temps.

Telle est, à ce qu'il me semble, la loi de composition successive du caractère humain, l'ordre dans lequel se classent les divers éléments dont il est formé jusqu'au moment où l'action personnelle entre en scène. Quelle est la part de l'hérédité dans ces divers éléments ? Elle est très grande en tout ce qui concerne le tempérament. Il n'est guère douteux que la constitution physique ne reproduise d'ordinaire ou celle du père, ou celle de la mère, ou le mélange des deux, et quand on ne peut pas reconstruire la généalogie d'un tempérament, il est vraisemblable que cette variété inattendue s'explique par quelque accident survenu à l'instant de la conception ou dans la vie embryonnaire de l'enfant. — Nous devons mettre à part, en dehors de la question d'hérédité, les influences historiques et sociales qui pénètrent et s'établissent en chacun de nous ou par la coutume et l'opinion régnante, ou par la mode et les mœurs. L'action qui s'exerce ainsi n'est pas une action héréditaire : elle est actuelle, puisque les mœurs et l'opinion changent d'une génération à l'autre ; il en faut chercher l'origine dans l'instinct d'imitation, si puissant sur les jeunes esprits, dans une sorte de contagion morale qui se produit pour les idées et les sentiments, pour la manière de penser, de sentir ou de vouloir à une époque déterminée. — Resterait à examiner, au point de vue de l'hérédité, ce que nous avons nommé le naturel, cette manière d'être morale que chacun apporte en naissant, qu'il manifeste dès que cela lui est possible et par laquelle il s'annonce dans la vie comme un individu distinct de tout autre. Dans cette trame complexe que nous essayons de démêler, les fils si ténus, si délicats, tendent à se confondre dès qu'on ne les retient pas de force, isolés sous le regard de l'analyse. On ne peut nier que l'hérédité physiologique ne pénètre encore ici sur certains points et n'exerce quelque action sur le naturel. Mais dans quelle mesure ? Et quelle part faut-il faire à ces influences ? Elles ne dominent pas comme dans le tempérament, dont elles forment l'essence ; ici, elles rencontrent un élément de diversité, l'élément antagoniste que le docteur Lucas et M. Littré signalent sous le nom d'*innéité*, et dans lequel M. Bain et M. Wundt reconnaissent le *facteur personnel*. C'est ce principe dont nous avons essayé récemment de démontrer la réalité négligée et méconnue par l'école biologique. Nous avons établi, autant que cela est possible dans ces difficiles matières, que la variété étonnante des natures morales, poussée parfois jusqu'à la contradiction, dans la même famille et sous les mêmes influences héréditaires, entre les enfants et les parents, ou les enfants entre eux, est incompréhensible en dehors de ce principe ; qu'elle est absolument réfractaire aux applications tirées de l'hérédité directe et immédiate, médiate ou indirecte, et que si, à bout d'arguments, on prétend la rattacher sans preuve à des retours inattendus d'atavisme ou à des perturbations normales qui accomplissent encore la loi en ayant l'air de la violer, dès lors on quitte le terrain de l'observation, on se perd dans l'inconnu, où chacun reprend la liberté de raisonner à sa guise et à son aise, c'est-à-dire sans profit pour la science sérieuse. — Donc, au centre de la vie, de l'aveu du docteur Lucas et de M. Littré, de M. Bain et de M. Wundt et de bien d'autres, plus fidèles à la réalité qu'à un système, il y a un *primum movens* qui échappe au déterminisme, un germe d'individualité qui ne peut être déterminé du dehors, vu qu'il précède toute détermination extérieure, la conditionne et la modifie. On restitue ainsi au caractère sa base première, son essence propre, mêlée profondément à des fatalités physiologiques et à toute sorte d'influences héréditaires, mais déjà assez fortement marquée pour s'en distinguer nettement. Ce n'est là que le caractère originel, qu'il ne faut pas confondre avec le caractère ultérieur et acquis ; mais cette donnée primitive a une grande importance. Dans le cas où rien ne l'entrave, elle devient l'idée directrice, le ressort moteur de notre vie ; elle en contient en germe le plan et les développements futurs, si une autre cause ne vient pas déranger ce plan et imprimer à la vie une autre direction.

C'est ici qu'apparaît l'action de l'homme. Il peut ou accepter cette manière d'être morale qui lui est donnée, ou la combattre ou enfin, sans la combattre, la transformer. Il dépend de lui de laisser prévaloir sans lutte et sans effort l'ensemble de ces dispositions naturelles, d'y consentir, si je puis dire, ou bien de les modifier. Voilà le dernier élément du caractère humain ; c'est le pouvoir d'agir sur une nature donnée, et de compléter l'individualité en l'élevant jusqu'à son terme supérieur, la personnalité. Au premier degré, la statue humaine était encore engagée profondément dans les éléments naturels qui sont comme sa matière, marbre ou argile. A ce second degré, l'artiste, l'homme lui-même, va dégager peu à peu la statue, imprimer à la matière qui lui est donnée la forme de sa pensée propre, convertir la fatalité en liberté : c'est l'œuvre vraiment humaine, devant laquelle se retirent de plus en plus l'hérédité et toutes les influences de ce genre ; c'est le triomphe de l'homme sur la nature transformée, c'est-à-dire sur la nécessité domptée.

Tous les hommes, à beaucoup près, n'accomplissent pas cette tâche ; il n'en est pas moins vrai que c'est la tâche humaine par excellence. Il suffit d'ailleurs que quelques-uns l'aient virilement faite, que d'autres y travaillent pour que nous la proclamions non-seulement souhaitable, mais possible, réalisable et constituant le but le plus élevé de la vie. La vraie loi, celle qui résume toutes les autres, n'est-elle pas que l'homme doit être tout ce qu'il peut être ? — Voyons-le donc à l'œuvre : voyons ce qu'il peut par l'élaboration de son caractère, dans la lutte à soutenir contre le tempérament qui lui impose ses servitudes, contre l'hérédité qui l'assiège de ses influences, contre la nature qui tend toujours à le déposséder de lui-même. C'est aux déterministes eux-mêmes que nous empruntons particulièrement les éléments de notre observation ; il semble que leur témoignage, invoqué à ce propos, sera moins suspect que le nôtre, et qu'en les faisant parler nous obtiendrons plus de crédit que si nous parlions en notre nom.

C'est une concession bien importante que nous fait Stuart Mill quand il dit « qu'on agit toujours conformément à son caractère, mais qu'on peut agir sur son caractère. » Cela nous suffit à la rigueur. Le caractère n'est donc pas imposé à l'homme comme une fatalité ; il y a quelque fissure à travers la muraille de la prison, par où peut passer un *minimum* de liberté. Or, ce qu'il est possible de faire avec ce peu de liberté, si peu que ce soit, pour agrandir la brèche du déterminisme, seuls les observateurs de la vie morale s'en doutent ; seuls ils savent comment, en l'appliquant bien, en l'employant à propos, on peut en tirer parti pour l'augmenter indéfiniment, comment, par une méthode de culture appropriée, on peut lui faire produire des résultats inattendus.

Pour montrer ces résultats et les moyens par lesquels on les obtient, consultons non pas des philosophes, mais des médecins. Leur enseignement est bien curieux : il nous montre comment le traitement moral, appliqué à la folie, consiste essentiellement à éveiller et à soutenir l'attention du malade. Cette même méthode s'applique à l'élaboration du caractère. N'est-ce pas au fond quelque chose d'analogue, et ne sommes-nous pas, tous, plus ou moins, des malades ? Ne s'agit-il pas de nous délivrer des hallucinations du tempérament, des penchants ou des habitudes, comme il s'agit, pour les aliénés, de les affranchir des idées fixes ? Un très fin psychologue, le docteur Maudsley, a tracé quelques linéaments de cette hygiène morale qui méritent d'être mis en lumière ; on y trouve une réfutation décisive du déterminisme héréditaire, bien que ce ne soit pas assurément là l'objet que s'est proposé le savant docteur.

D'abord il faut considérer que le caractère étant le produit actuel d'un long développement et d'une action persévérante, on ne doit pas attendre, pour agir efficacement, qu'il soit entièrement façonné par les circonstances et par la vie. Si l'on peut prévenir cette époque de formation complète, cela vaut beaucoup mieux. Mais surtout il faut se persuader qu'on n'agit pas par surprise, à l'improviste et comme par un coup de théâtre, sur son caractère. On ne défait pas si facilement une trame si complexe, si fortement tissue et consolidée ; on ne peut détruire en un instant l'histoire de toute une vie. On a besoin pour cela de temps et de soins ; il y faut employer des procédés ; il faut ruser avec son caractère : c'est quelque chose comme une tactique savante ou une diplomatie qu'il faut conduire avec art, sans précipitation, sans mauvaise humeur ni découragement. Non sans doute, on ne réussirait pas, par un pur effort de volonté instantanée, à penser, à sentir d'une certaine façon ou à toujours agir suivant certaines règles qu'on s'imposerait tout d'un coup. Mais ce que peut tout homme, c'est modifier imperceptiblement son caractère en agissant sur les circonstances qui, à leur tour, agiront sur lui ; il peut, en appelant à son aide certaines circonstances extérieures, apprendre à détourner son esprit d'une série d'idées ou d'un ordre de sentiments dont, par suite, l'activité s'éteindra ; il peut diriger son esprit vers un autre ordre d'idées ou de sentiments qui dès lors reprendront en lui plus de force ; par une constante vigilance sur lui-même et un exercice assidu de la volonté dans une direction voulue, il arrivera ainsi à contracter insensiblement l'habitude des actions, des sentiments et des pensées auxquels il souhaitait s'élever. Il peut ainsi grandir par degrés son caractère jusqu'à l'idéal proposé. — Que se passe-t-il quand nous voulons faire un exercice physique quelconque, d'escrime ou de gymnastique par exemple ? Nous coordonnons, pour l'ajuster à un but spécial, le jeu des muscles distincts en une action complexe. En faisant cela, nous développons en nous le pouvoir d'avoir des volitions qui commandent les mouvements nécessaires à cette fin. Nous arrivons ainsi, en acquérant ce pouvoir particulier sur nos muscles, à exécuter des actes compliqués dont nous serions, sans cet entraînement préalable, aussi incapables que de voler en l'air. Il faut un entraînement analogue pour acquérir un pouvoir spécial sur nos sentiments et nos pensées, en les associant en vue d'un acte déterminé. M. Maudsley indique avec une singulière compétence les moyens d'atteindre ce grand résultat, le *self-development*. Sa pensée constante est qu'on ne peut transformer de vive force son caractère en contrariant brusquement toutes ses affinités, en effaçant toute l'œuvre des années de croissance et de formation ; mais l'homme est loin de savoir lui-même tout ce qu'il pourrait tirer de ses facultés mentales par une culture rationnelle et logique ainsi que par un exercice continu ; pour y parvenir, il est de toute nécessité de donner à sa vie un but élevé et d'avoir en vue ce but défini dans tout ce que l'on fait ; suivre une voie contraire, négliger la culture assidue et l'exercice de ses facultés mentales, c'est laisser son esprit flotter à la merci des circonstances extérieures ; enfin, pour l'esprit comme pour le corps, cesser de lutter, c'est commencer à mourir.

Voilà comment la médecine elle-même nous enseigne les moyens de refaire notre caractère, de le reconquérir sur l'hérédité, en général sur la nature, et d'y marquer notre forte et personnelle empreinte. L'action sur les habitudes, qui sont une part considérable du caractère, est un autre aspect de la même question. Cette action est double, elle opère en deux sens contraires. L'habitude est une force mystérieuse qui enveloppe la vie d'une sorte de fatalité. Oui, sans doute, mais c'est nous qui l'avons créée, et l'ayant créée, nous pouvons la dissoudre. — Quand on dit que le caractère est fait en grande partie d'habitudes, c'est dire qu'en grande partie il est notre œuvre ; car dans les habitudes, c'est la liberté qui se lie elle-même. En les contractant, je crée en moi une sorte de solidarité entre mon présent et mon avenir, dont je réponds. Cet avenir que je prépare représentera une somme de *volonté* actuelle où je me reconnais moi-même, et que j'ai convertie *volontairement* en une sorte de fatalité. Je dis une sorte de fatalité, car l'habitude n'imite la fatalité que par sa forme, par son mécanisme extérieur. Ce que la volonté a fait, elle peut le défaire ; elle garde, au moins très longtemps, son droit et le pouvoir de l'exercer. On ne peut même jamais dire, à la rigueur, que l'abdication soit définitive ; on ne doit jamais croire qu'il soit impossible de dissoudre cette nécessité volontaire que nous avons construite nous-mêmes. Ni la psychologie ni la morale ne donnent raison à ce quiétisme intérieur, à ce fatalisme paresseux qui s'endort si volontiers sur « le mol oreiller » des habitudes prises, en disant : « Je ne puis me refaire. » Dans l'œuvre perpétuelle et toujours à recommencer de la vie, il faut que la personnalité se surveille et soit prête à se ressaisir ; elle le peut, elle le doit.

Telle nous paraît être la vérité expérimentale sur la formation du caractère, composé de tous ces éléments divers et successifs : le tempérament, l'humeur, le naturel, les influences sociales, les habitudes individuelles et, par-dessus tout cela, le pouvoir personnel qui s'en empare, qui réduit l'hérédité et qui crée l'homme nouveau, l'homme maître de lui en face de la nature non détruite, mais transformée.

Ce n'est donc pas exagérer les choses que de dire que le caractère qui, à l'origine, était une donnée de la nature, peut devenir, au terme de ses évolutions, l'œuvre de l'homme. Il exprime l'empire sur soi-même, et, comme dit Kant, la disposition à agir suivant des principes fixes. Il contient la dignité de l'homme, la résolution de ne pas avilir ou abaisser en soi la personnalité humaine. Il manifeste d'une certaine manière la relation de notre personnalité avec l'idéal ; il traduit par de nobles inquiétudes, chez les meilleurs d'entre nous, la nécessité de se proposer un but qui nous élève au-dessus des circonstances extérieures, de toutes les formes de la servitude, qui mette notre cœur à son vrai niveau et qui serve à définir notre vie autrement que par une succession de sensations insignifiantes dans leur pauvre et monotone variété. Que ce but, choisi librement ou en vertu d'une vocation secrète, mais qui n'en exige pas moins l'application et l'emploi de toutes nos forces, que ce terme de nos efforts soit la science, l'art ou l'action, le caractère façonné en vue de cet objet et formé pour ainsi dire à son image devient le signe de notre affranchissement et comme un acte continu de liberté à travers les résistances des hommes ou les obstacles des choses. C'est donc une psychologie fausse qui fait du caractère la résultante des milieux et des influences, une table rase sur laquelle tous les événements du dehors et toutes les fatalités intérieures mêlent leur empreinte, une réalité purement phénoménale, construite, couche par couche, par des séries d'alluvions accidentelles. Le caractère devient à la longue notre œuvre personnelle, il est l'histoire vivante de chacun de nous, il représente la part de chacun de nous, si humble qu'elle soit, dans les destinées d'une famille ou d'une race, d'un siècle ou d'une nation.

C'est la décadence des caractères qui fait les époques de décadence. Ces tristes jours sont ceux où les volontés s'affaiblissent, où les grandes initiatives baissent, où on laisse prendre l'empire sur soi aux fatalités de nature, où l'on accepte son caractère tout fait de l'hérédité et des influences organiques, sans essayer de le refaire ; où se produit une sorte d'abdication indifférente ou molle devant la force, d'où qu'elle provienne ; où se manifeste partout une vague disposition à rejeter la responsabilité sur les événements victorieux, sur les grands courants qui entraînent les masses et dont personne ne veut s'isoler ; quand se révèle enfin je ne sais quelle joie lâche à s'abandonner, à ne pas opposer ni aux hommes ni aux choses un effort inutile et solitaire : époques abaissées, dont les deux signes irrécusables sont l'effacement universel et le triomphe du médiocre.

II

La même illusion qui avait fait croire d'abord qu'on tenait dans l'hérédité la clé de la nature humaine, qu'elle en ouvrait toutes les parties mystérieuses, que la psychologie individuelle n'aurait bientôt plus de secrets, cette illusion s'est étendue à l'organisme social tout entier. Le même principe expliquant la naissance et le développement des sociétés humaines, on a pensé mettre la main sur le ressort universel de la civilisation, sur l'agent infaillible du progrès ; et quelques esprits hardis n'étaient pas éloignés de croire que, par une sélection intelligente et continue, combinée avec l'hérédité, on arriverait à diriger presque à coup sûr l'évolution sociale, à l'administrer scientifiquement. On déléguait à la science, dans un rêve grandiose, le soin de pourvoir à la marche du genre humain et à la préparation de l'avenir ; elle deviendrait quelque chose comme une Providence terrestre, dont le siège serait le cerveau de quelques savants. Il dépendrait d'eux de faire éclore sur ce pauvre globe un paradis industriel, économique, où l'humanité, épurée par une hérédité toujours progressive, riche de tous les biens accumulés du passé, n'en laissant jamais rien perdre et les augmentant sans cesse, verrait enfin des jours heureux briller sur sa vieillesse, où la guerre s'éteindrait, où la haine sociale se convertirait en amour, où la misère disparaîtrait. Beau rêve de philanthropes darwinistes, qui semble aujourd'hui se dissiper, après quelques années d'illusions, et qui est venu se briser, comme tant d'autres, contre des réflexions tardives et des observations plus précises.

Étudions d'abord les faits qui ont donné lieu à ces grandes espérances et qui d'ailleurs ont leur intérêt dans le présent et dans le passé de l'espèce humaine, en dehors des applications exagérées qu'on a voulu en déduire pour l'avenir.

Parmi les conséquences sociales de la loi d'hérédité se place au premier rang l'institution de familles privilégiées, investies par l'opinion de certaines aptitudes qui avaient désigné à l'origine leurs chefs ou fondateurs pour certaines fonctions supérieures, le gouvernement, le commandement militaire ou simplement une autorité morale de conseil et d'influence. L'hérédité naturelle est la base de l'hérédité instituée. Voilà ce qu'explique très bien M. Ribot dans un chapitre où il ne s'agit que d'histoire et où il nous offre l'occasion et le plaisir trop rares d'être d'accord avec lui. Il montre que tous les peuples ont eu une foi, au moins vague, à la transmission des capacités, que des raisons sociales, politiques, ou même des préjugés ont dû contribuer à la développer et à l'affermir, mais qu'il serait absurde de croire qu'on l'a inventée. Les institutions qui en dérivent reproduisent logiquement les caractères que l'on reconnaît dans l'hérédité, qui est par essence un principe de conservation et de stabilité : la famille, par exemple. Dès que nous arrivons aux temps historiques, nous trouvons la famille patriarcale fondée sur la base immuable de l'hérédité. L'enfant est regardé comme la continuation immédiate des parents. A l'origine, un chef de la famille, être mystérieux et révéré ; puis, une suite de générations, chacune étant représentée par le fils aîné, à la fois dépositaire des traditions, mandataire du patrimoine, représentant du premier père qui revit en lui avec toutes ses lumières et son autorité indiscutable. C'est un être unique qui se perpétue à travers les âges. M. Fustel de Coulanges, dans *la Cité antique*, a mis hors de controverse le caractère de la famille antique, sa participation strictement héréditaire aux mêmes croyances et aux mêmes rites, ce que Platon exprimait à sa manière quand il définissait la parenté : « la communauté des dieux domestiques. » Ce caractère se retrouve identique dans toutes les branches de la race aryenne, chez les Hindous, les Grecs et les Romains.

La même chose se passe pour l'investiture des chefs politiques, qui gouvernent une tribu ou un peuple, comme le père de famille gouverne ses enfants. Au début de la période historique, la souveraineté concentrée en un seul homme est absolue ; il est le roi. Les traditions primitives le représentent comme un dieu ou un demi-dieu. S'il fallait une preuve, dit Herbert Spencer, que c'était bien à la lettre qu'on attribuait au monarque un caractère divin ou demi-divin, nous le trouverions chez les races sauvages, qui admettent encore aujourd'hui que les chefs et leurs familles ont une origine céleste, ou que les chefs seuls ont une âme. L'hérédité est la base du pouvoir souverain. La souveraineté étant de source divine, ou par naissance directe, comme chez les races sauvages, ou par délégation, comme chez les civilisés, il est clair qu'elle ne peut se transmettre que par le sang.

Enfin, comme elle a fondé la famille et l'état, l'hérédité fonde les catégories dans les sociétés organisées. Dès que les premières formes de la vie civilisée commencent à se produire chez les aryens, l'institution des castes ou des classes apparaît. Ce qui caractérise la caste, c'est qu'elle repose sur une origine surnaturelle, sur la délégation de dons et d'attributs distincts : on n'y entre que par la naissance, tout l'art ou le mérite ne peuvent en forcer les portes ; chaque individu en naissant se trouve fatalement encadré ; et c'est : ainsi l'ordre de la nature qui décide souverainement des capacités et de la fortune de chacun, selon la loi sacrée de Manou : « Une femme met toujours au monde un fils doué des mêmes qualités que celui qui l'a engendré. — On doit reconnaître à ses actions l'homme qui appartient à une classe vile, qui est né d'une mère méprisable. — Un homme d'une naissance abjecte prend le mauvais naturel de son père ou celui de sa mère, ou tous les deux à la fois ; jamais il ne peut cacher ses origines. » Ce n'est que l'application rigoureuse et dans ses dernières conséquences de l'hérédité morale, qui, supposée inflexible, répartit dans des moules immuables les prêtres, les guerriers, les marchands et agriculteurs, les parias. — Contrairement à la caste, la noblesse doit son origine à la sélection, qui est une cause naturelle. Elle suppose au début la supériorité des forces, des talents, des caractères ou l'éclat des services rendus. Souvent elle naît de la conquête. Une race conquérante, inférieure en nombre, supérieure en force, forme une race privilégiée, comme les Normands en Angleterre, chez nous les Francs, les Incas au Pérou. D'autres fois elle s'est établie par le choix du prince, qui récompensait quelque action d'éclat, ou bien par la nature de certaines charges et de certaines fonctions qui anoblissaient. Mais, quelle qu'en soit l'origine, une fois fondée, le caractère de la noblesse est d'être héréditaire. Elle est continue et permanente, sauf le cas de dérogeance. Cette hérédité du sang suppose, comme dans la caste, la foi à l'hérédité du mérite ; elle repose sur cette croyance, passée en institution, que tous les genres de supériorité sont transmissibles ; qu'on reçoit de ses aïeux le courage, la loyauté, l'honneur, tout aussi bien que la force physique. Toute la hiérarchie sociale du moyen âge, toutes nos épopées féodales, tous nos vieux poèmes représentent les vaillants comme issus de vaillants, et les couards et les félons comme des bâtards, rejetons dégénérés d'une grande race, où ils se sont introduits par violence ou surprise,

— A la même croyance se rattachent, par voie de conséquence inverse, les institutions et les lois qui supposent l'hérédité des vices et des crimes ; et de là les races maudites, les castes impures, les familles proscrites ; de là aussi la vindicte sociale punissant la perversité du père sur les enfants et les petits-enfants. « Les êtres produits par génération, dit Plutarque dans son *Traité sur les délais de la justice divine*, ne ressemblent point aux productions de l'art. Ce qui est engendré provient de la substance même de l'être générateur, tellement qu'il tient de lui quelque chose qui est très justement puni ou récompensé pour lui, car ce quelque chose est lui. »

Toutes les institutions politiques et sociales ne sont, on le voit, que l'application pratique de la croyance originelle à la transmission des aptitudes qui ont fondé une famille et une race. Il arrive ainsi, par une singulière rencontre, que les institutions les plus antiques de l'humanité, contemporaines des sociétés naissantes, trouvent une confirmation et un appui inattendus dans les théories les plus modernes et particulièrement dans l'école de Darwin. Remarquons, en effet, le caractère aristocratique de ces théories. Tous les partisans de Darwin ne s'y rallient pas ; mais il s'agit seulement de logique ici, non de politique, et il n'est pas douteux qu'au point de vue purement logique, le transformisme ne soit entièrement favorable au dogme de la transmission des privilèges du mérite, de l'intelligence ou des capacités suivant le sang et attachées à certaines familles. N'y a-t-il pas l'une de ces coïncidences étranges ou l'un de ces retours étonnants de doctrines que remarquent les observateurs de l'esprit humain ? Parcourons quelques-unes des applications de la théorie nouvelle, telle que les expose, non sans courage, un de ses interprètes les plus fidèles et les plus convaincus. Les classes sociales, nous dit-on, se sont formées dans chaque société de la même façon et par l'action de la même loi que les races au sein de l'espèce et que l'homme lui-même au milieu des espèces animales. Il faut avoir l'entendement obscurci par des préjugés de système ou des passions personnelles pour ne pas saisir les mille liens qui unissent ces inégalités innées, originelles, aux inégalités sociales garanties par la loi, en d'autres termes l'hérédité naturelle à l'hérédité instituée. On nous donne ces deux propositions fondamentales comme résumant les conséquences nécessaires de la théorie : 1° il n'est point d'inégalité de droit qui ne puisse trouver sa raison dans une inégalité de fait, point d'inégalité sociale qui ne doive avoir et n'ait à l'origine son point de départ dans une inégalité naturelle ; 2° corrélativement, toute inégalité naturelle qui se produit chez un individu, s'établit et se perpétue dans une race, doit avoir pour conséquence une inégalité sociale, surtout lorsque l'apparition et la fixation de cette inégalité dans la race correspondent à un besoin social, à une *utilité ethnique* plus ou moins durable.

A l'appui de cette double thèse, on cite tous les faits historiques d'hérédité que nous avons énumérés et bien d'autres, comme l'institution de la magistrature et du sacerdoce antiques à côté des aristocraties, des royautés et des castes, en général de toutes les autorités politiques, héréditaires dans l'origine, qui ont pu sans doute exagérer le fait primitif des inégalités naturelles, parfois même le fausser par la ruse, l'hypocrisie ou la violence, mais qui le plus souvent n'ont fait que l'exprimer avec un saisissant relief et le traduire avec éclat sur la scène de l'histoire. Dire que ce fait est fatal, c'est dire qu'il est légitime ; les deux choses ne se distinguent pas dans l'école de l'évolution. Marquer l'origine et le caractère des inégalités sociales, c'est retrouver leurs titres dans le seul code qui ne soit pas rédigé par l'arbitraire et la fantaisie, le code de la nature.

De là que de conséquences ! L'équité n'est pas l'égalité qui s'établit d'homme à homme dans la démocratie moderne, ce n'est pas l'égalité absolue, c'est la proportionnalité du droit. Il n'est pas vrai que tout homme soit égal à un autre, pas plus que l'animal n'est égal à l'humanité. De même, que dans les organismes les plus élevés, la division physiologique du travail est la condition même de la vie, de même dans l'organisme social qui en reproduit les conditions et les règles, il y a division et hiérarchie des fonctions. C'est l'idée maîtresse de la science nouvelle, la sociologie. Ajoutez-y l'hérédité qui est au fond de la doctrine et, par une série de conséquences, vous pourrez reconstruire toute une société qui ressemblerait fort à la société féodale, sauf que la féodalité avait pour base la force et que la société future aura pour base la science. Mais le principe sera le même : l'inégalité transmise par le sang et garantie par la loi, le privilège scientifique à la place du privilège militaire, la noblesse du laboratoire au lieu de la noblesse de l'épée. Il y avait autrefois le noble et le peuple ; il y aura maintenant le savant et la foule. Le savant deviendra caste à son tour ; il fera souche de petits savants en herbe avec tous les privilèges de sa sagacité acquise et transmissible ; il tendra de plus en plus à prendre au sérieux le dogme de l'inégalité héréditaire et à exclure la multitude du partage de son droit incommunicable et garanti.

Et qu'on ne pense pas que ce soit là une utopie solitaire. Sous des formes variées, ce rêve a été fait plusieurs fois de notre temps. Il nous serait aisé de signaler, chez plusieurs de nos penseurs contemporains, ce germe d'une dictature intellectuelle, déléguée aux savants, ministres et mandataires du progrès, d'avance consacrés par la nature, dont ils sauront mieux que tout autre interpréter et appliquer les lois. Je ne crois pas, en disant cela, m'éloigner beaucoup de la pensée intime de M. Herbert Spencer, qui se trahit en plusieurs endroits de ses livres. Qu'est-ce, en effet, pour lui que le progrès social, sinon la tendance à *l'intégration*, c'est-à-dire à la concentration des éléments du groupe social, « à la consolidation de la masse totale ? » Qu'est-ce, au contraire, que le déclin, la dissolution, sinon la tendance des parties à se disperser, « de la masse, à se *déconsolider* ? » Une société est en progrès à mesure qu'elle s'organise en parties distinctes et coopératives, en une hiérarchie coordonnée de mouvements et de facultés. Le terme de sa croissance est atteint quand les unités sociales se sont agrégées en groupes coordonnés qui accomplissent des fonctions distinctes et harmoniques, c'est-à-dire quand tous les membres qui la composent sont irrévocablement fixés dans les cadres d'une hiérarchie immobilisée. Telle est la doctrine qui ressort de la *Statique sociale*, de l'*Essai sur le progrès*, de toute la *Sociologie* de M. Spencer. Et, sous des termes techniques, peut-on voir là autre chose qu'une résurrection scientifique des classes formant cette « hiérarchie immobile » qui marque le jour de l'évolution accomplie ? Dès lors, grâce à cette distribution des capacités, des forces et des fonctions sociales, le bien parfait régnera sur la terre : « Le progrès ainsi expliqué n'est point un accident, mais une nécessité. Loin d'être le produit de l'art, la civilisation est une phase de la nature, comme le développement de l'embryon ou l'éclosion d'une fleur. Les modifications que l'humanité a subies et celles qu'elle subit encore résultent de la loi fondamentale de la nature organique, et, pourvu que la race humaine ne périsse point et que la condition des choses reste la même, ces modifications doivent aboutir à la perfection. Il est sûr que ce que nous appelons le mal et l'immoralité doit disparaître ; il est sûr que l'homme doit devenir parfait. » — Il n'importe pas en ce moment de savoir combien de temps doit durer cet équilibre parfait, quel sera le lendemain de ce règne de la perfection sur la terre, et par quel rythme fatal la dissolution doit accomplir son œuvre dans les sociétés d'abord, dans la terre elle-même, dans le monde actuel tout entier. Il nous suffisait de montrer que l'évolution sociale se fera par la prédominance de l'élite scientifique, en vertu de la loi fondamentale « de la hiérarchie coordonnée. » N'est-ce pas proclamer la nécessité de ce qu'un des disciples de cette école appelle « une classe régulatrice, distincte des classes gouvernées, » se formant par un lent et patient travail d'affinage et de perfectionnement, la caste des savants, ouvriers ou plutôt initiateurs de la civilisation, qui doivent concentrer entre leurs mains la fonction sociale par excellence, le pouvoir de faire les lois, c'est-à-dire d'interpréter le vrai droit naturel fondé sur les lois de la vie, d'établir, à tel moment de l'histoire, l'utilité spécifique qui correspond à chacune des phases de l'humanité ?

Cette fonction du savant, tout idéale sans doute chez M. Herbert Spencer, prend chez un de nos plus brillants écrivains une consistance singulière, j'allais dire une réalité effrayante, si je ne me souvenais à temps qu'il ne s'agit que d'un rêve. On n'a pas oublié la sensation que produisit, il y a quelques années, cette hypothèse proposée sur l'avenir du monde et sa transformation par la science. « Le but poursuivi par le monde, nous disait-on, loin d'être l'aplanissement des sommités, comme le voudrait la démocratie sectaire et jalouse, doit être, au contraire, de créer des êtres supérieurs, que le reste des êtres conscients adorera et servira, heureux de les servir. La fin de l'humanité, c'est de produire des grands hommes ; le grand œuvre s'accomplira par la science, non par la démocratie… L'essentiel est moins de produire des masses éclairées que de produire de grands génies et un public capable de les comprendre. Si l'ignorance des masses est une condition nécessaire pour cela, tant pis. La nature ne s'arrête pas devant de tels soucis ; elle sacrifie des espèces entières pour que d'autres trouvent les conditions essentielles de leur vie… L'élite des êtres intelligents, maîtresse des plus importants secrets de la réalité, dominerait le monde par les puissants moyens qui seraient en son pouvoir et y ferait régner le plus de raison possible… Par l'application de la science à l'armement, une domination universelle deviendrait possible, et cette domination serait assurée en la main de ceux qui disposeront de cet armement… L'être en possession de la science mettrait une terreur illimitée au service de la vérité. Les terreurs, du reste, deviendraient bientôt inutiles. L'humanité inférieure, dans une telle hypothèse, serait bientôt matée par l'évidence, et l'idée même de la révolte disparaîtrait. » Ainsi se reconstituera, au profit de la science, une aristocratie formidable dont l'aristocratie du passé ne pouvait donner aucune idée : « Le principe le plus nié par l'école démocratique est l'inégalité des races et la légitimité des droits que confère la supériorité de race. Loin de chercher à élever la race, la démocratie tend à l'abaisser ; elle ne veut pas de grands hommes… Il est absurde et injuste, en effet, d'imposer aux hommes, par une sorte de droit divin, des ancêtres qui ne leur sont en rien supérieurs. La noblesse, à l'heure qu'il est, en France, est quelque chose d'assez insignifiant, puisque les titres de noblesse, dont les trois quarts sont usurpés et dont le quart restant provient, à une dizaine d'exceptions près, d'anoblissements et non de conquête, ne répondent pas à une supériorité de race, comme cela fut à l'origine ; mais cette supériorité de race pourrait redevenir réelle, et alors le fait de la noblesse serait scientifiquement vrai et aussi incontestable que la prééminence de l'homme civilisé sur le sauvage, ou de l'homme en général sur les animaux. »

Nous ne prendrons pas au pied de la lettre ces spéculations écloses dans toute la liberté du dialogue ou du rêve ; nous ne toucherons pas davantage aux droits régaliens vraiment énormes que l'on attribue à cette dynastie d'hommes divinisés. Mais nous trouvons là et nous voulons constater un état de l'imagination contemporaine, une vue sur l'avenir qui n'est ni unique, ni même rare parmi Les savons. Comment s'en arrangera, la démocratie moderne, si jalouse de liberté et plus encore d'égalité, nous n'en savons rien. Acceptera-t-elle cette loi de sélection scientifique qui rétablit les inégalités sociales dans toute leur rigueur, comme la condition du progrès, avec la sanction d'une fatalité qui est celle des lois de la nature ? Il semble bien qu'il y ait antipathie de tempérament comme de doctrine entre l'école démocratique et l'école de Darwin. Si le divorce n'a pas encore éclaté, cela tient, ou bien à une affectation d'ignorance invraisemblable de la part d'une démocratie qui se prétend scientifique, ou bien à une complicité de silence concertée par les habiles pour n'avoir pas à s'expliquer sur des points délicats et laisser croire le plus longtemps possible que l'accord règne entre les maîtres du pouvoir actuel et ceux qu'on proclame comme les maîtres de la pensée contemporaine. Et pourtant, infailliblement, ceci tuera cela, si le darwinisme a raison.

Pour nous, qui ne sommes pas liés par les mêmes engagements, et qui gardons dans ces grands conflits d'idées la liberté de notre jugement, nous avouons ingénument que, malgré notre goût pour la science, nous ne verrions pas sans terreur l'avènement de cette dictature d'un nouveau genre, quelque atténuée qu'elle fût dans la pratique. Que l'on rende les plus grands honneurs aux savants qui illustrent un pays, qu'on les comble de richesses, si l'on veut, pour les mettre à l'abri de soucis vulgaires, dans les conditions les plus favorables aux grandes expériences dont dépendent les découvertes, et pour lesquelles il ne faut jamais qu'une nation lésine (car ce serait lésiner, avec sa fortune ou sa gloire), je l'accorde et de tout cœur j'y applaudis. Sortons de l'abstraction et rentrons dans les faits. Que l'on appelle au sénat quelques-uns d'entre eux qui puissent éclairer le législateur sur des questions spéciales, soit. Mais je me défierais beaucoup d'une chambre uniquement recrutée de cette façon. L'esprit scientifique et l'esprit politique ne marchent pas toujours du même pas ; les méthodes diffèrent : la science cherche l'universel et le nécessaire dans les lois ; la politique cherche le possible dans les transactions. Les aptitudes, diffèrent également. On esprit excellent dans le laboratoire peut être un esprit incurablement faux dans une commission législative ; il peut y apporter une raideur et une logique absolue qui peuvent faire beaucoup de mal. Supposez une oligarchie scientifique régissant souverainement un peuple : on peut à peine imaginer de quelle expérience elle pourrait s'aviser sur ses sujets, *in anima vili*. La curiosité savante pourrait être désastreuse sur ceux qui y seraient soumis. Ce même désintéressement pratique, qui est une gloire dans la science, serait un grand péril dans le maniement des choses humaines, dont les deux éléments à combiner sont les intérêts et les droits. On ne traite pas ces deux éléments, qui représentent des intelligences et des volontés, par les mêmes procédés d'expérimentation que les substances insensibles d'un laboratoire. S'il s'agit des intérêts, ils ne souffrent pas qu'une intelligence prétendue supérieure les interprète à sa manière et en déclare arbitrairement la convenance ; s'il s'agit des droits, il y a là une réalité vivante, résistante, indomptable, dont la pratique de la science ne dorme aucune idée. En toutes ces matières délicates, un homme de simple bon sens, de droite raison, non endoctriné par les systèmes ni fanatisé par les partis, offrirait plus de garanties que le plus illustre algébriste ou le plus grand chimiste de l'Europe.

Les exemples ne manquent pas autour de nous à l'appui de notre opinion. Un des meilleurs écrivains, un des rares critiques que la France possède encore, écrit, jour par jour, un livre, qui sera des plus curieux, pour montrer le dommage que la politique a fait aux lettres depuis un demi-siècle. On pourrait en écrire un autre sur le tort que la politique a fait aux sciences, pour montrer combien elle a dévoyé d'intelligences et troublé de carrières par ses prestiges souvent stériles. — Au fond, les lois et les institutions sociales n'ont pas beaucoup de leçons à prendre des savants, si l'on réserve certains points qui touchent à l'hygiène et au régime industriel. La science positive n'a rien à démêler avec la conscience ; de toutes les sciences réunies on ne pourrait extraire un seul principe juridique, un seul atome de morale.

Quand on parle des savants appelés à régir le monde au nom de la sélection, on pense surtout aux représentants de la physiologie et de la biologie, lesquels auraient pour mission d'appliquer purement et simplement les lois de l'histoire naturelle aux rapports et aux phénomènes sociaux. C'est à ce titre qu'ils devront exercer leur souveraineté. Or, s'il y a une loi évidente qui ressorte de la biologie, c'est celle-ci, que nous trouvons formulée par M. Herbert Spencer en deux propositions : la première, c'est que la qualité d'une société baisse sous le rapport physique par la conservation artificielle de ses membres les plus faibles ; la seconde, c'est que la qualité d'une société baisse sous le rapport intellectuel et moral par la conservation artificielle des individus les moins capables de prendre soin d'eux-mêmes. On voit d'ici les conséquences immédiates, la condamnation d'une sotte et active compassion, charité ou philanthropie, qui intervient en faveur des infirmes et des incapables pour contrarier le travail salutaire de la nature, ce travail d'élimination par lequel la société, livrée aux lois naturelles, s'épurerait continuellement d'elle-même ; l'interdiction du mariage, ou bien « à ceux qui se trouvent dans un état marqué d'infériorité de corps et d'esprit, ou bien à ceux qui ne peuvent épargner une abjecte pauvreté à leurs enfants, car la pauvreté est non-seulement un grand mal en soi, mais elle tend à s'accroître en entraînant à sa suite l'insouciance dans le mariage. » Il y a lieu d'aviser, s'écrie M. Spencer, reprenant à son compte cette même idée ; si les gens prudents évitent le mariage, tandis que les insouciants s'y précipitent, d'autre part, si une générosité inconsidérée, bornée dans ses vues, arrive, en protégeant les incapables, à produire une plus grande somme de misère que l'égoïsme extrême, il reste qu'il faut à tout prix et le plus promptement possible modifier les arrangements sociaux de manière qu'au rebours de ce qu'ils font aujourd'hui, ils favorisent à l'avenir la survivance et la multiplication des individus les mieux doués et s'opposent à la multiplication et même à la conservation des autres. — Ce sont là quelques-unes des applications qu'on peut faire de la biologie au gouvernement des sociétés humaines ; elles sont graves, elles pourraient devenir redoutables.

Tout cela est très logique ; ce sera la matière des prochains décrets que rendra la science dès qu'elle sera devenue la maîtresse de la vie humaine. En même temps que s'établira sur des bases nouvelles une oligarchie très autoritaire, se fondera sous sa direction l'ère de l'humanité renouvelée par ces lois, héritière d'une vigueur, d'une santé, d'aptitudes toujours croissantes, transmissibles avec le sang, destinée à représenter dans tout leur éclat les deux principes sociologiques de l'avenir, la sélection et l'hérédité, qui, bien administrées, procureront à nos descendants une prospérité sans limite. — Mais voici qu'à la loi du progrès par l'hérédité s'oppose une loi toute contraire, celle du déclin amené par la même cause. Sur ce point, comme sur tant d'autres, se produit une de ces apparentes antinomies qui sont le désespoir de la raison. Je crains que les espérances de M. Spencer ne soient trouvées vaines et qu'il ait eu tort de voir dans le progrès une nécessité de nature « comme le développement d'un embryon ou l'éclosion d'une fleur ; » je crains que la conquête du *mieux* sur la terre, sans parler du bien absolu qui est une chimère, ne redevienne ce qu'elle était avant les beaux rêves du darwinisme, une œuvre difficile et lente, précaire et disputée, sujette à de terribles retours, incomplète et partielle, condamnée à ne se réaliser jamais dans tous les éléments qui la composent, reculant sur un point tandis qu'elle s'avance sur d'autres ; œuvre imparfaite toujours, c'est-à-dire humaine. L'ouverture du paradis terrestre est provisoirement ajournée.

Examinons cette loi de la décadence, voyons dans quelles circonstances elle produit son effet, qui est non-seulement de suspendre le progrès, mais de le faire rétrograder. La nature organique nous en fournit de nombreux exemples. C'est même pour cela que plusieurs savants, plus ou moins disciples de Darwin, préfèrent le mot *transformisme* à celui d'*évolution.* Dans un récent écrit, M. de Candolle nous en donne la raison. Ce mot est préférable, dit-il, parce que les changements successifs de formes ne sont pas toujours dans le sens d'un plus grand développement. Il se fait quelquefois des changements dans le sens d'une simplification. Ainsi les parasites (animaux ou végétaux) sont des états simplifiés de certaines organisations ; de même, les animaux qui vivent dans les cavernes et les plantes aquatiques. On ne sait pas toujours, dans ces structures, ce qui est un non-développement ou un retour vers un état plus simple après plusieurs générations compliquées, mais on peut constater ou présumer dans certains cas ce qu'il en est. M. Rey Lankaster a publié dans le même sens, en 1880, un petit volume intitulé : *Dégénérescence (Degeneration, a chapter in Darwinism*), Les causes d'une dégénérescence se retrouvent aussi bien dans l'organisme social. Malgré son optimisme et sa foi dans le développement intellectuel, toujours croissant, de l'humanité, M. Galton exprime la crainte que l'amélioration des facultés dans les races de haute culture ne marche pas assez vite pour les besoins croissants d'une civilisation qui grandit énormément. « Notre race est surchargée ; elle semble courir le risque de dégénérer, à la suite d'exigences qui dépassent ses moyens. Quand la lutte pour l'existence n’est pas trop grande pour la force d’une race, elle est saine et conservatrice ; autrement elle est mortelle. »

On cite un exemple frappant à l’appui de cette opinion : la division du travail augmente toujours avec la civilisation ; mais il n’est guère douteux qu’en même temps qu’elle simplifie l’œuvre, elle diminue les efforts de l’esprit, chaque individu n’ayant à penser qu’à une chose, ce qui deviendrait à la longue un obstacle au développement intellectuel dans les populations très civilisées. Tout n’est donc pas profit et gain dans le progrès apparent, ni en industrie, ni ailleurs. Et, dans quelques pages excellentes, que je me plais à résumer, M. de Candolle signalait dès 1873 les causes nombreuses qui amènent pour le genre humain ou pour les nations une sélection dans le mauvais sens ou un arrêt de sélection. L’histoire, dit-il, est d’accord avec la théorie pour montrer à quel degré le progrès intellectuel et moral de l’humanité est irrégulier et douteux ; il y a à cela bien des causes. Des populations d’élite ont disparu entièrement ; des invasions de barbares continuent toujours, sous la forme des émigrations en masse de prolétaires chinois, irlandais et autres dans les pays civilisés d’aujourd’hui. C’est d’ailleurs un fait reconnu que ce sont les familles les moins intelligentes et les moins prévoyantes qui ont le plus d’enfants, et, dès lors, il est à craindre que le progrès de l’intelligence ne subisse des moments d’arrêt. — La marche des faits naturels n’est pas nécessairement conforme à l’idée que nous nous faisons de ce qui est bon ou mauvais. La théorie de M.

Darwin sur l'adaptation des êtres organisés au milieu et aux circonstances ne s'accomplit pas toujours dans le sens du perfectionnement de l'organisme physiologique ou social tel que nous l'entendons. Le monde est peuplé aujourd'hui d'une infinité d'espèces végétales et animales peu développées. Ces êtres inférieurs sont tout aussi bien adaptés aux circonstances actuelles, puisqu'ils existent, que d'autres que nous appelons supérieurs. De même pour les races et les familles humaines : les plus grossières sont quelquefois mieux que les autres adaptées aux conditions de la vie. Ainsi les nègres résistent parfaitement aux climats équatoriaux, et, dans nos pays civilisés, certaines populations de prolétaires s'accommodent pour vivre de conditions misérables que d'autres ne pourraient pas supporter. Si donc il arrive à se produire dans l'avenir des hommes plus intelligents et plus clairvoyants qu'aujourd'hui, il y en aura aussi, et beaucoup, de moins intelligents et moins prévoyants, à côté d'eux ou ailleurs, qui convoiteront leurs biens et se moqueront de leurs droits. L'optimisme est très agréable, puisqu'il séduit les hommes les plus positifs, mais il n'est pas conforme aux faits du passé ni aux faits probables pour l'avenir. La sélection et l'hérédité ne peuvent influer dans le sens du progrès, si l'on s'en rapporte aux conditions connues et vraisemblables, que d'une manière douteuse, temporaire et extrêmement lente. Ce serait donc une illusion de reconstruire sur la base des idées modernes la théorie du perfectionnement indéfini de certains philosophes français du siècle dernier, à la façon de Condorcet.

Voilà, certes, des faits qui contrarient, sinon le texte même de Darwin, du moins les idées que sa doctrine a fait naître dans les esprits, les espérances qu'elle a suscitées, et particulièrement le dogme du progrès total et nécessaire, cher à M. Spencer. A la suite des théories transformistes et de l'étonnante fortune qu'elles ont faite, il s'était créé dans les esprits une sorte d'habitude de considérer la sélection comme un moyen infaillible de réaliser le progrès, que l'hérédité se chargeait de fixer, de conserver et de transmettre. Quoi de plus naturel à concevoir ? La nature elle-même nous enseignait le perfectionnement des espèces par la sélection. Si l'homme se substitue à la nature, s'il arrive à diriger, avec toutes les lumières de l'expérience et de la raison, cet instrument déjà si puissant, quels résultats ne doit-il pas obtenir ! Et la faculté de transmission venant s'y joindre, voilà l'idée du perfectionnement indéfini qui recommence dans l'imagination de l'homme, mais, cette fois, sur des bases scientifiques, et avec ces deux pouvoirs merveilleusement adaptés à la réalisation de cette grande espérance : la sélection qui acquiert toujours et l'hérédité qui conserve.

Mais aussitôt M. de Candolle se met en travers de ce mouvement des esprits avec de sérieuses objections, prouvant que, s'il y a progrès, ce progrès est bien lent, bien incertain. Et voici quelque chose de plus. Le docteur Jacoby arrive avec un formidable dossier pour nous démontrer que la conséquence finale de toute sélection, ce n'est pas, comme on l'avait cru, le perfectionnement de l'espèce ; c'est la dégénérescence. Ce qui nous paraissait l'instrument le plus actif du progrès devient un agent de décadence infaillible. Nous sommes loin de compte. Et voilà l'idée du progrès rejetée au péril des vents et des flots, dans l'océan des contradictions.

C'est un terrible homme que le docteur Jacoby. Quel massacre d'illusions et de vanités dans ce livre ! C'est le nécrologe de la gloire humaine. Quelles conclusions désespérantes pour tous ceux qui tiennent à la grandeur de l'esprit humain, aux manifestations éclatantes du génie, aux illustrations du patriotisme, de la science et de l'art ! Tous les grands hommes sont des éléments funestes ; ils détruisent d'avance leur race par la consommation qu'ils font de la réserve de force nerveuse qui devait suffire à plusieurs générations. Leur génie, qui n'est qu'un prodigieux égoïsme, dévore la substance de leur postérité ; ce sont des semeurs de folie ou de mort. Du reste, leur race dure peu ; elle est destinée à s'éteindre, à très courte échéance, dans l'aliénation mentale ou la stérilité. Le talent est presque au même degré, la condamnation d'une famille ; il pèse comme un lourd anathème sur une race. L'intelligence même, quand elle est très cultivée, est un signe fatal. « La noblesse guerrière de Ninive, le clergé savant de Babylone, nous dit-on, la bourgeoisie intelligente de Thèbes aux cent portes, de Memphis, sont mortes et ont disparu complètement de la face de la terre. Le fellah qui cultive le champ de cotonniers n'est pas le descendant dégénéré de quelque gouverneur de Rome, de quelque pontife du lumineux Râ, c'est l'arrière-neveu de quelque batelier du Nil ; et quand la civilisation, dans sa marche de l'est vers l'ouest, aura fait le tour du globe, elle trouvera sur les bords de la Seine, errant dans les ruines de la grande cité, des descendants, non de nobles du faubourg Saint-Germain, non de savants du Collège de France, non de riches banquiers, de bourgeois lettrés, pas même d'ouvriers parisiens, si ingénieux et si intelligents, mais peut-être de charbonniers auvergnats, de gargotiers de banlieue. « Le grand Patrocle n'est plus et le méprisable Thersite vit encore ! » — On se prend à rêver quand on lit des prédictions comme celle-ci : « En cherchant à nous élever au-dessus du niveau commun, nous condamnons par là même à mort notre race, et nous échangeons la vraie immortalité, l'immortalité physiologique, contre l'immortalité de convention qu'on appelle la célébrité ; nous payons de la vie des générations futures et de notre propre existence dans l'infini des siècles quelques lignes dans les dictionnaires biographiques. Ce ne sont pas les descendants des puissants, des riches, des savants, des énergiques, des intelligents qui constitueront l'humanité future, ce sera la postérité des paysans travailleurs, des bourgeois nécessiteux, des humbles et des petits ; *l'avenir est aux médiocrités.* » Singulière manière de concevoir cette société de l'avenir, triomphante par l'élimination progressive du talent et du génie !

L'auteur étudie particulièrement deux formes de la sélection, celle qui s'opère par le pouvoir et celle qui se fait par le talent, la souveraineté et l'aristocratie, en donnant à ce dernier terme le sens le plus étendu, aristocratie intellectuelle, industrielle, commerciale et nobiliaire. — Et d'abord la souveraineté, qui est évidemment un type de sélection, puisque le pouvoir représente à l'origine une supériorité de caractère ou d'intelligence, se combinant avec l'hérédité par suite de la position exclusive et anormale qu'elle crée à ses représentants et qui restreint singulièrement le choix des unions possibles. L'auteur prend comme sujet de son expérimentation la famille d'Auguste, et, rassemblant avec une érudition facile, mais d'une critique peu sévère, les témoignages des annalistes, des moralistes, des poètes, il soumet chacun des membres de cette famille à un examen médical dont le résultat est désastreux. Quelle conclusion que celle qui embrasse l'histoire physiologique de cette dynastie depuis Octave jusqu'à Néron ! Voici une famille où se rencontrent tous les dons de la nature, beauté, intelligence hors ligne, talents militaires, éloquence, goût de l'esprit et de l'art, éducation incomparable, avec cela une situation privilégiée au-dessus de l'humanité. Et, dès la quatrième génération, cette famille n'est plus représentée que par un histrion monstrueux et grotesque, souillé de tous les vices et de tous les crimes. Et, pour en arriver là, que de hontes de tout genre, que de maladies et de forfaits partagés entre les divers membres de cette famille : l'imbécillité, l'épilepsie, toutes les formes de la névropathie, le fratricide, les débauches infâmes, les morts prématurées, la stérilité dans certaines branches, le germe des maladies nerveuses dans les autres ! Tibère, le plus intelligent de tous, avant d'accepter le pouvoir que lui offrait le sénat, s'était écrié un jour que ses amis ignoraient *quanta bellua esset imperium* ! Cette bête féroce, l'*imperium*, il en devinait la puissance funeste ; la famille d'Auguste est demeurée dans l'histoire la preuve effroyable de cette force de destruction.

Cette même thèse avait été déjà soutenue avant M. Jacoby par M. Wiedemeister dans une étude analogue sur *la Folie des Césars*. — M. Jacoby poursuit son analyse, mais plus brièvement et superficiellement, sur les principales dynasties de l'Europe occidentale du XIVe au XVIIIe siècle, et il arrive à des conclusions analogues, mais qui, sur plus d'un point, semblent forcées. — L'aristocratie, fondée sur le talent en quelque genre que ce soit, est soumise à la même loi de déclin rapide et fatal. « Toutes les classes privilégiées, toutes les familles qui se trouvent dans des positions exclusivement élevées partagent le sort des familles régnantes, quoiqu'à un degré moindre, et qui est toujours en rapport direct avec la grandeur de leurs privilèges et la hauteur de leur situation sociale. » Le fait principal sur lequel cette thèse s'appuie, c'est que les aristocraties semblent frappées de stérilité croissante, que ces populations privilégiées diminuent très rapidement, et qu'elles ne se maintiennent qu'en se recrutant d'éléments nouveaux sous peine de périr, comme elles périrent en France et dans les pays démocratiques où le recrutement ne se fait plus. A Rome, dès la fin de la royauté, il restait si peu de familles nobles des premiers temps que Brutus dut instituer une nouvelle noblesse *minorum gentium*. En Grèce, l'extinction graduelle des Spartiates, qui étaient la noblesse du pays, dans l'Europe moderne, la disparition si rapide de l'aristocratie anglaise sont des faits connus. Certains titres nobiliaires de la Grande-Bretagne ont été portés successivement par six, sept, huit familles, quelquefois plus. Le *peerage* actuel n'est généralement pas de date ancienne ; les deux tiers des lords (deux cent soixante-douze sur trois cent quatre-vingt-quatorze) datent de 1760. Les mêmes observations ont été faites pour l'aristocratie vénitienne et pour la noblesse française. La conclusion est identique pour tous ces cas : la dégénérescence et la stérilité, qui n'en est qu'une des manifestations, l'extinction des familles privilégiées, ne sont, à ce que prétend l'auteur, que le résultat direct de leur position exclusive, en vertu de laquelle ces familles s'unissent entre elles et, sans faire précisément des mariages consanguins, choisissent les conjoints toujours dans le même milieu social, élevés identiquement, ayant subi les mêmes influences, vivant de la même vie et s'épuisant ainsi réciproquement par une sélection continuée.

Des phénomènes non moins significatifs s'accomplissent dans la population des grandes villes, qui représentent une sorte d'aristocratie intellectuelle à l'égard des campagnes par l'attraction qu'elles exercent sur tous les hommes, non-seulement de talent, de capacité, mais simplement plus actifs ou plus avisés qui arrivent de tous les points du pays. C'est donc là, une sélection véritable qui s'opère dans la nation, un triage d'intelligence et d'activité, et une sélection qui se complique d'hérédité, puisqu'il est rare que les habitants des villes aillent se marier à la campagne. C'est par là que l'on explique les manifestations les plus nombreuses et les plus aiguës de l'excitation mentale, suicides, crimes, folies, développements multiples de la névropathie, stérilité. On a prouvé par des calculs très exacts que l'extinction des familles est un fait général à Paris. La population de cette capitale serait vite éteinte sans l'immigration venant des provinces. C'est une autre forme tragique de la même loi, la dégénérescence par la sélection. A la suite de toutes ces expérimentations poursuivies à travers l'histoire des races et des peuples et toutes convergentes vers le même résultat, l'auteur conclut par des paroles tristes. Une sorte de pessimisme inspire ses dernières pages. Toute supériorité se paie : les familles privilégiées, souveraines, aristocratiques, intelligentes, savantes, riches, actives, disparaissent fatalement. La science, l'art, les idées, pour naître et se développer, consomment des générations et des peuples. Les lois de la nature sont immuables et malheur à qui les viole ! Chaque privilège quel homme s'accorde ou qu'il prend par la supériorité de son esprit ou de son mérite est un pas vers la décadence. Toute distinction intellectuelle et sociale amène comme compensation infaillible un retour en arrière. La nature semble avoir tout organisé pour l'égalité. Par le moyen de la mort, elle nivelle tout ; en anéantissant tout ce qui s'élève, elle *démocratise l'humanité*.

Nous ne saurions nous associer à de pareils pronostics, qui n'impliquent non moins que l'égalité future des hommes dans la barbarie, l'ignorance et la misère. La loi de l'histoire y donne un absolu démenti. Nous repoussons de toutes nos forces de pareils enseignements qui ne s'attachent qu'à certains faits spéciaux, négligeant tous les autres faits qui les restreignent ou les nient, s'appliquant à en donner une interprétation systématique que l'on porte à la dernière outrance, créant des illusions de statistique et de logique mêlées dont l'esprit devient facilement dupe. Pour ne prendre que quelques exemples et sans entrer dans la discussion d'une thèse si étendue, assurément il résulte une impression sinistre et fortement motivée du tableau de la décadence des Césars, que l'on nous présente avec tous les traits les plus violents qu'on a pu extraire des historiens, des pamphlétaires et des satiriques romains. Maïs qu'on veuille bien y réfléchir : est-ce la sélection qui est vraiment coupable ici ? Est-ce elle qui a si vite détruit cette dynastie, fatalement et sans autre cause que l'accumulation de tous les biens de la naissance, de l'intelligence et de la fortune sur quelques têtes privilégiées ? Assurément non, c'est une cause morale qui a le plus puissamment agi dans cette œuvre de décadence ; une cause que l'on aperçoit très distinctement dans les analyses de M. Jacoby, mais qui méritait d'être mise en première ligne, au-dessus de toutes les fatalités physiologiques : — c'est l'exercice d'une volonté sans contrôle et sans frein, que rien ne limitait, qui ne reconnaissait aucune loi quelle-même, qui épuisait sa toute-puissance dans des rêves et dans des fantaisies pour lesquelles l'impossible n'existait pas, pour lesquelles le monstrueux était une tentation de plus. La plus infaillible, la plus certaine et la pire des dégradations, c'est celle d'une volonté qui ne sent de limites, ni autour d'elle, ni au-dessus d'elle. Ce fut là l'inévitable corruption des Césars, comme plus tard ce fut celle de Louis XV, mettant à profit pour son épouvantable égoïsme la monarchie absolue de Louis XIV, et devenant ainsi le plus lamentable exemple, de ce que peut faire dans une âme originellement noble l'influence dissolvante du pouvoir. Car si Louis XVI en a été la victime tragique, Louis XV en a été la victime morale. — Partout, dans cette histoire, et dans bien d'autres que l'on pourrait citer de décadences royales, c'est à l'âme qu'il faut regarder d'abord et à sa corruption secrète par l'abus de la puissance ; c'est elle qui est la vraie cause de tous les autres malheurs, de toutes les autres formes de la dégénérescence. L'hérédité en transmet l'influence fatale, quand cette influence est devenue une sorte de délire chronique ; mais je ne vois pas très clairement ce que la sélection vient faire là. En tout cas, il est assez étrange que, si la sélection est coupable, ses effets s'arrêtent là où le pouvoir monarchique est limité, dès qu'il reconnaît des bornes dans des lois, dans des parlements, dans des institutions nettement définies, dans l'opinion du pays ; ce qui prouve bien que la vraie raison des troubles pathologiques d'un souverain, c'est sa souveraineté même, quand elle est sans frein. La vraie maladie des Césars, celle de Napoléon dans les dernières années de son règne, c'est l'hallucination de la toute-puissance, c'est le vertige de l'impossible.

Et de même, n'y aurait-il pas bien des observations à présenter, à propos des faits qui établissent le rapide déclin des aristocraties, et des commentaires que ces faits ont suggérés ? Est-ce vraiment la sélection qui cause tous ces désastres, qui amène l'extinction graduelle des classes privilégiées et les condamne à périr là où manque la ressource de l'anoblissement des roturiers ? Bien d'autres causes, plus actives et plus directes, contribuent à la production de ce fait très complexe et d'une observation très délicate. M. A. de Candolle présente, à ce sujet, une réflexion bien simple sur l'extinction inévitable de tous les noms de familles, roturiers aussi bien que nobles. Évidemment, dit-il, tous les noms doivent s'éteindre, et d'autant plus vite qu'ils sont portés par moins d'individus du sexe masculin, car les familles sont désignées par les mâles, et de temps en temps un père ne laisse point d'enfants ou seulement des filles. Supposez une population qui resterait la même dans sa totalité de siècle en siècle, et qui ne changerait pas même par le fait d'émigrations ou d'immigrations, il arriverait forcément chez elle que le nombre des familles désignées par des noms ou par des titres héréditaires dans les mâles diminuerait graduellement. Un mathématicien pourrait calculer comment la réduction des noms ou titres aurait lieu, d'après la probabilité des naissances toutes féminines, ou toutes masculines, ou mélangées, et la probabilité d'absence de naissances dans un couple quelconque. Et maintenant, que dans une chambre des pairs, comme en Angleterre, où chacun arrive seul de son nom, ou dans les portions privilégiées d'une nation, comme la noblesse, l'extinction du nom de famille soit plus rapide que partout ailleurs, cela est tout naturel, mais je ne vois là qu'un phénomène économique très simple, non un effet tragique de la sélection. Beaucoup d'autres raisons de ce genre pourraient être alléguées pour expliquer ce fait, tout autrement que ne le fait le docteur Jacoby sous l'empire d'une idée unique.

De même, quand on vient nous dire que non-seulement les aristocraties sont condamnées à une disparition rapide, mais que dans le temps très court qui leur reste à vivre, elles sont vouées à une sorte de décadence intellectuelle et morale, et qu'après avoir donné à un pays la fleur brillante des plus belles vertus militaires et les fruits substantiels des plus grandes capacités politiques, elles descendent, par une sorte d'épuisement fatal, à un rôle inutile et de pur apparat, je reconnais là une fatalité. Mais d'où vient-elle ? Est-ce une conséquence de ce patrimoine intellectuel et moral, accumulé dans une race et qui l'épuisé ? Ne serait-ce pas plutôt l'effet des conditions de la société nouvelle où ces aptitudes ne trouvent pas leur usage ni ces dons leur emploi ? Pense-t-on que les démocraties soient très encourageantes et très hospitalières pour les races nobles qui ont joué un si grand rôle autrefois dans l'histoire de la nation ? Est-ce s'aventurer trop que de dire que cela même qui les rendait jadis si chères et si précieuses à d'autres régimes les rend suspectes aux régimes nouveaux, et qu'il n'est pas de cause plus dissolvante pour des mérites héréditaires que d'être rejetés par une sorte de défiance ou de jalousie sociales, d'être paralysés par les circonstances et de se sentir inutiles ? — Il se passe quelque chose de spécial qui mérite d'être signalé pour l'aristocratie du talent. On s'étonne que la famille d'un grand poète ou d'un grand savant descende rapidement du sommet où l'a élevée un effort superbe et solitaire du talent ou du génie. On veut expliquer cela par une dépense excessive de la substance nerveuse qu'un seul a consommée pour lui et qui amène une irrémédiable décadence dans sa race. Ce sont là des raisons bien hypothétiques, bien vagues, et qui ne doivent pas se substituer aux causes directement observables et manifestes. D'abord, c'est un fait, et nous en avons démontré l'exactitude, que ni le talent ni le génie ne sont héréditaires. Et puis, quand un niveau élevé a été atteint dans une famille par suite de quelque accident heureux, il faut pour le maintenir presque autant d'énergie morale qu'il en a fallu pour y atteindre. Mais qui peut répondre que cette énergie se perpétue longtemps au même degré, et que les grands efforts durent au-delà d’une génération ou de deux ? La volonté ne serait pas ce qu’elle est, si elle était toujours égale à elle-même, toujours tendue dans un effort égal, toujours également heureuse avec les hommes ou avec les choses, il est de son essence même d’avoir des caprices, des défaillances, des retours en arrière. Elle est une faculté humaine, souple, diverse, inégale parce qu'elle est humaine, et c'est toujours là qu'il en faut venir pour expliquer la plupart des décadences, comme c'est là aussi qu'il faut en venir pour expliquer les grandeurs momentanées ou les relèvements admirables du pauvre être, tour à tour si infime et si grand, qui est l'homme.

Nous n'acceptons aucune de ces deux thèses contraires issues de l'école nouvelle : l'une qui établit le progrès nécessaire, l'autre qui proclame la décadence fatale par la sélection et l'hérédité. Il nous suffit de les placer en face l'une de l'autre pour montrer combien il y a de fantaisie et d'arbitraire dans ces ambitieuses synthèses, dans cet ensemble de conclusions prématurées qu'on veut tirer de faits très curieux, mais encore imparfaitement étudiés et incomplètement connus. Le trait commun à ces théories, c'est qu'elles se donnent un tort égal en négligeant les causes morales, hors desquelles tout reste obscur, énigmatique dans les lois du progrès ou de la décadence, et qui seules en contiennent la raison suffisante, sans exclure pourtant les autres causes, qui sont la matière physiologique ou historique imposée à la liberté.

III

Je voudrais resserrer les conclusions de cette longue étude ; les ramasser sous les yeux du lecteur en quelques propositions très simples et très nettes :

Dans l'ordre psychologique, l'hérédité est une influence, elle n'est pas une fatalité. Elle pénètre jusqu'au centre de notre vie intérieure par les instincts, les habitudes de race, les impulsions et entraînements physiologiques ; mais, sauf les cas morbides, elle ne domine pas la personne morale au point de la déposséder d'elle-même et de créer l'irresponsabilité.

Bien qu'elle ne soit qu'une influence, ou mieux qu'un ensemble d'influences, l'hérédité doit être surveillée avec grand soin, combattue et réprimée là où cela est possible pour qu'elle ne pèse pas d'un poids trop lourd sur la vie de nos successeurs. Elle crée entre les générations une loi de solidarité qui double nos devoirs envers nous-mêmes de devoirs envers nos descendants. Nous sommes responsables dans une certaine mesure envers eux. Un homme peut compromettre la santé immorale de ses fils ou de ses petits-fils de bien des manières, non-seulement par une folie véritable et involontaire qui a bien des chances de se transmettre, mais par quelque germe de maladie mentale qu'il aurait pu efficacement combattre ; par des mariages effectués contre les lois d'une saine physiologie ; par des habitudes d'intempérance qui sont des causes de perturbations profondes et comme une dépravation anticipée pour l'enfant conçu dans de telles conditions ; soit même par des excès de travail ayant amené la fatigue du cerveau ; enfin par la culture trop complaisante de sentiments singuliers, par une exaltation ou une mélancolie habituelle, où l'on se complaît à jouer, comme Hamlet, avec la folie. Il y a de quoi trembler en pensant à toutes ces formes diverses de responsabilité qui nous incombent dans l'histoire future d'une race. Un vice, un penchant contracté, peuvent avoir un retentissement considérable dans un avenir qui nous échappe. Et, de même, l'Habitude du bien, le goût des sentiments nobles et délicats, une culture élevée dé l'esprit et assidue de la volonté, peuvent modifier la nature d'une manière heureuse, même le tempérament, lequel est transmissible. Il y a donc un élément de transmission du mal qui dépend de nous, une sorte de péché originel, physiologique ou instinctif, que nous pouvons transmettre diminué ou affaibli. Ancêtres qui resteront inconnus à leurs descendants et qui, à leur tour, ne les connaîtront pas, les hommes de chaque génération n'en sont pas moins tenus à leur égard par des devoirs de justice et de charité. Il faut absolument que cet ordre de considérations entre dans notre éducation morale. On a eu raison de dire que, parmi les influences diverses qui mènent l'homme, une des plus puissantes est celle des morts. Un long passé pèse sur nous. Il dépend de nous que le présent que nous faisons pèse d'un poids moins lourd sur nos descendants, ou que, du moins, nous leur fassions la tâche moins difficile qu'elle ne nous a été faite à nous-mêmes en améliorant ; autant que cela est possible, toute chose autour de nous et la nature morale en nous.

Sans rien nier de ces influences, nous les avons regardées en face ; mesurées du regard, et après avoir marqué leur place dans la vie, nous avons essayé de les limiter. Nous avons montré qu'il y a en chaque être vivant un élément d'individualité qui échappe à la loi d'hérédité, et qui chez l'homme s'élève jusqu'à la personnalité. La création de l'homme libre est le but de la vie. L'homme est donc autre chose qu'un produit fragile de l'entrecroisement des forces cosmiques. Il est un être distinct de tout autre être et capable de développement indéfini par la conscience et la liberté. En dépit de toutes les fatalités que nous subissons du dehors ou que nous portons au dedans de nous, l'école biologique n'a jamais pu réussir que par des artifices de logique et d'analyse à se débarrasser de ce pouvoir personnel. Cet élément, irréductible à tout autre, se manifeste dans chaque acte libre, qui est une protestation contre la loi d'hérédité, qui la suspend ou la supprime dans les circonstances vraiment morales de la vie, qui commence de nouvelles séries de phénomènes non prévus, qui crée enfin la responsabilité, en rejetant les excuses trop faciles d'un fatalisme paresseux. — Il se manifeste dans l'éducation, celle que l'on se donne à soi-même et aussi celle que l'on reçoit des autres, et qui est un double acte de volonté, l'action d'une volonté étrangère sur la nôtre. — Il se montre dans la formation du caractère, qui est en partie l'œuvre de l'homme, l'expression de sa vie morale, l'histoire vivante de ses luttes et de ses épreuves. — Il a sa part dans l'institution des classes privilégiées, dans la sélection de courage ou de mérite qui les fonde, et aussi dans le déclin qui les entraîne à leur ruine et où il est rare qu'il n'y ait pas quelques fautes graves et quelques défaillances à noter dans ceux qui les composent. — Enfin, la manifestation la plus irrécusable et la plus éclatante de cet élément de la personnalité humaine, sa révélation sociale, c'est l'histoire même du progrès. L'hérédité toute seule n'explique que la transmission d'un état acquis ; le phénomène collectif le plus considérable dont elle puisse rendre compte, c'est la civilisation, c'est-à-dire, comme on l'a très bien définie, le bilan d'une société à un moment donné, ce qu'elle a de solide, de fixe, d'emmagasiné en fait d'idées, de sentiments, d'institutions, son capital industriel, scientifique et moral. L'hérédité est une puissance de stabilité et de conservation, non d'acquisition ; elle est l'instrument par excellence de la civilisation, elle n'est pas la faculté du progrès. Ce qui explique le progrès, au contraire, c'est-à-dire l'acquisition d'un état nouveau, d'une forme nouvelle de l'art, de l'industrie, de la science, c'est l'effort de chacun et de tous déterminant une marche en avant, un mouvement, c'est une grande initiative qui a réussi. Les civilisations qui n'avancent plus sont des civilisations saturées à l'excès d'hérédité, de tradition et de routine. Dès que l'effort s'arrête, la mobilité et la vie cessent, la stagnation commence, la décadence est proche. Le rôle des deux principes est par là nettement marqué. Dans l'ordre intellectuel et social, l'hérédité conserve, c'est la liberté qui crée ; dans la lutte pour la vie, l'avenir est aux individus et aux peuples qui savent combiner ces deux forces et les associer dans une action durable, la faculté d'initiative et le respect du passé.

www.ingramcontent.com/pod-product-compliance
Lightning Source LLC
Chambersburg PA
CBHW030020290326
41934CB00005B/411

* 9 7 8 2 3 6 6 5 9 5 4 7 5 *